国际金融中心发展报告

INTERNATIONAL FINANCIAL CENTER DEVELOPMENT REPORT

《国际金融中心发展报告》编写组

2020

中国金融出版社

责任编辑：童祎薇
责任校对：潘　洁
责任印制：裴　刚

图书在版编目（CIP）数据

国际金融中心发展报告. 2020/《国际金融中心发展报告》编写组编. —北京：中国金融出版社，2020.11

ISBN978-7-5220-0890-5

Ⅰ.①国…　Ⅱ.①国…　Ⅲ.①国际金融中心—研究报告—上海—2020　Ⅳ.①F832.751

中国版本图书馆CIP数据核字（2020）第221028号

国际金融中心发展报告. 2020
GUOJI JINRONG ZHONGXIN FAZHAN BAOGAO. 2020

出版
发行　中国金融出版社

社址　北京市丰台区益泽路2号
市场开发部　（010）66024766，63805472，63439533（传真）
网上书店　http://www.chinafph.com
　（010）66024766，63372837（传真）
读者服务部　（010）66070833，62568380
邮编　100071
经销　新华书店
印刷　北京市松源印刷有限公司
尺寸　210毫米×285毫米
印张　7.25
字数　158千
版次　2020年11月第1版
印次　2020年11月第1次印刷
定价　108.00元
ISBN978-7-5220-0890-5

编写委员会

COMMITTEE

统　稿：刘长青

执　笔：陈　澄　陈志钦　成晟华　程　盈　董昕皓　范旭东
冯　波　何　瑾　胡　薇　黄　宇　黄醉清　刘　薇
刘　筱　刘长青　孟　婧　沈艳兵　盛郅宸　佟　珺
王德莲　吴　婷　肖立伟　谢国晨　邢姝蓓　郁颖文
张光源　张晶晶　张挽虹　张亚双

内容摘要

EXECUTIVE SUMMARY

由于全球需求疲软和贸易局势不稳，2019 年全球经济增长持续放缓。同时，受新冠肺炎疫情影响，预计 2020 年发达经济体和新兴市场经济体出现负增长；2021 年，各经济体将有不同程度的恢复。

从全球金融格局来看，全球股票市值较 2018 年有所上升；主要经济体国内信贷增长情况受本国经济增速的影响有所分化；跨境权益与负债保持稳定；国际债券资产余额持续增长。从主要货币汇率走势来看，2019 年，美元指数持续回升，欧元对美元和英镑对美元持续走弱，日元对美元整体平稳；新兴市场经济体汇率走势较为一致，均对美元有所贬值。主要发达经济体通胀水平在经济复苏不及预期的影响下有所回落，新兴市场经济体通胀率则走势分化。美元、欧元仍是全球最主要的储备货币。

2019 年，上海金融开放创新加快，国际金融中心建设取得重要进展。上海证券交易所设立科创板并试点注册制，从宣布到落地实施历时仅 9 个月，标志着中国资本市场全面深化改革开启新征程。为促进资本市场支持科创企业发展，上海市政府印发《关于着力发挥资本市场作用促进本市科创企业高质量发展的实施意见》，营造国际一流的投融资生态体系。

金融产品创新取得突破。中日 ETF 互通产品、20 号胶期货、沪深 300ETF 期权、沪深 300 股指期权、天然橡胶期权、不锈钢期货、国债期货期转现、票据“贴现通”、“票付通”、长三角一体化 ETF、黄金期权、标准化票据、债券回购违约处置等多项创新业务推出。贷款市场报价利率（LPR）形成机制改革顺利推进，“上海价格”扩展至信贷市场。中债长三角系列债券指数、中资美元债系列产品相继推出，“上海金”期货产品在芝加哥商品交易所上线，“上海价格”序列持续丰富和完善，人民币资产的定价能力大幅提升。

金融对外开放进一步扩大。作为我国进一步扩大金融开放、鼓励外资金融机构加大在华投资的重要成果，全国首家外资全资保险控股公司安联（中国）保险控股公司、全国首批新设外资控股合资券商野村东方国际证券和摩根大通国际证券获批开业；全国首家外资控股合资理财公司汇华理财获批筹建。

金融生态环境不断完善。上海市公共数据开放普惠金融应用上线，是全国首家省级层面信用信息普惠大数据平台。上海市金融工作局与在沪金融管理部门联合发布《关于贯彻〈中共中央办公厅、国务院办公厅关于加强金融服务民营企业的若干意见〉的实施方案》，推动构建专业、联动、全面的融资支撑体系。上海市网贷整治工作、重点交易场所清理整顿取得阶段性成效，扫黑除恶专项斗争工作扎实推进，未发生区域性、系统性金融风险和重大金融安全事件。

目　录

CONTENTS

专栏

第一章
全球经济金融格局

由于全球需求疲软和贸易局势不稳，2019年全球经济增长持续放缓。受新冠肺炎疫情的影响，预计2020年发达经济体和新兴市场经济体出现负增长；2021年，各经济体将有不同程度的恢复。

从全球金融格局来看，全球股票市值较2018年有所上升，各主要经济体国内信贷增长和债券余额受本国经济增长的影响而有所差异；跨境权益与负债保持稳定；国际债券市场主要由英美两国主导。从各主要货币汇率走势来看，2019年，美元指数持续回升，欧元和英镑对美元持续走弱，日元对美元整体平稳，新兴市场经济体汇率走势较为一致，均出现对美元的贬值。主要发达经济体消费者价格指数在经济复苏不及预期的影响下有所回落，新兴市场经济体消费者价格指数走势分化。美元、欧元仍是全球最主要的储备货币。

一、全球经济增长格局

（一）2019年经济增长情况和宏观政策简要回顾

由于全球需求疲软和贸易局势不稳，2019年全球经济增长持续放缓。为提振经济，各国央行继续采取宽松的货币政策。

分地区看，美国与中国、欧洲、墨西哥等经济体间的经济摩擦加大，引起全球制造业景气度下滑以及全球跨境直接投资锐减。中美贸易摩擦升级对中国进出口产生负面影响；中国国内消费需求和投资需求有所回落，宏观经济面临下行压力。在需求减弱、英国“脱欧”及与美国贸易紧张等负面因素影响下，欧元区经济增长持续减速。全球贸易萎缩和商业投资疲软导致德国大型工业部门的活动持续下滑。国内需求低迷、政治不稳定以及沉重的公共债务负担使以服务业和制造业为主的意大利经济停滞不前。英国“脱欧”对其本国经济造成冲击，就业和收入增长疲软，严重影响经济复苏。中美贸易局势冲击日本工业部门，金属、机械及汽车产量的下降使其经济增长缓慢。

国际货币基金组织（International Monetary Fund，IMF）数据显示，2019年全球经济增长2.9%，比上年下降0.7个百分点。其中，发达经济体增长1.7%，较上年下降0.5个百分点；新兴市场和发展中经济体增长3.7%，比上年下降0.8个百分点（见表1–1）。

表 1-1 全球及主要经济体 2020—2021 年经济增长预测

单位：%

全球 / 经济体			IMF 预测		世界银行预测		联合国预测	
	2018 年	2019 年	2020 年	2021 年	2020 年	2021 年	2020 年	2021 年
全球	3.6	2.9	−4.9	5.4	−5.4	4.2	−5.7	1.5
发达经济体	2.2	1.7	−8.0	4.8	−7.0	3.9	−6.5	1.7
新兴市场和发展中经济体	4.5	3.7	−3.0	5.9	−2.5	4.6	−4.7	1.0
美国	2.9	2.3	−8.0	4.5	−6.1	4.0	−6.5	2.1
欧元区	1.9	1.3	−10.2	6.0	−9.1	4.5	−7.2	1.4
日本	0.3	0.7	−5.8	2.4	−6.1	2.5	−5.1	1.9
英国	1.3	1.4	−10.2	6.3	—	—	−6.6	1.2
中国	6.7	6.1	1.0	8.2	1.0	6.9	−4.3	1.7
印度	6.1	4.2	−4.5	6.0	−3.2	3.1	−5.4	−0.8
俄罗斯	2.5	1.3	−6.6	4.1	−6.0	2.7	−5.8	0.6
巴西	1.3	1.1	−9.1	3.6	−8.0	2.2	−6.9	0.6
南非	0.8	0.2	−8.0	3.5	−7.1	2.9	−6.6	0.7

注：2018 年、2019 年数据为实际值，来自 IMF。
资料来源：IMF, *The World Economic Outlook*, June 2020; World Bank, *The Global Economic Prospects*, June 2020; United Nations, *The World Economic Situation and Prospects*, mid−2020.

各国央行继续采取宽松的货币政策。美联储下调联邦基金利率目标区间，以支持经济活动的持续扩张，并通过公开市场操作保持流动性充裕。中国改革完善贷款市场报价利率（LPR）形成机制，以降低融资成本、激发贷款需求。欧洲央行下调存款利率 10 个百分点一次，再融资操作利率和边际贷款安排利率保持不变；推出定向长期再融资操作（TLTROs），为欧洲银行业提供长期信贷支持，并重启每月 200 亿欧元的资产购买计划。为消除上调消费税的影响，日本央行继续采取量化质化宽松政策（Quantitative and Qualitative Easing, QQE），并将长短期利率维持在极低水平。

（二）2020 年经济增长展望

受新冠肺炎疫情的影响，IMF 预计 2020 年全球经济增长率将低于 2009 年国际金融危机时期，为 −4.9%。发达经济体增长率将由 2019 年的 1.7% 骤降至 −8.0%。其中，日本 −5.8%，美国 −8.0%，英国 −10.2%，法国 −12.5%，西班牙 −12.8%，意大利 −12.8%。新兴市场和发展中经济体增长率将由 2019 年的 3.9% 下降至 −3.0%。其中，印度 −4.5%，俄罗斯 −6.6%，巴西 −9.1%，墨西哥 −10.5%。中国有望成为全球唯一正增长的经济体，预计 2020 年增长 1.0%。

全球经济增长面临的下行风险有：

1. 失业增加

因疫情扩散，工厂活动暂停，破坏了生产供应链，进而减少劳动供给、降低生产率。收入下降使消费者支出意愿减弱，引发更多企业因资金流不足被迫关停，失业率上升，进入恶性循环。生产和消费的恢复程度及速度很大程度上依赖于疫情控制和政府的政策支持。

2. 大宗商品价格不确定性增大

供给端的不确定性包括欧佩克成员国是否能达成减产协议，以及疫情是否导致生产国的停产。需求端上，疫情对价格的负面影响和大规模刺激的正面影响相互作用。大宗商品价格不确定性增加。

3. 信贷减弱

随着疫情长时间、大范围蔓延，市场不确定性增大，金融市场迅速重新定价。不断上升的失业率加大了违约风险，信贷机构因担心借款人无力偿还而收紧贷款，同时推升借贷成本，进一步阻碍支持政策传导和经济复苏。尤其是拥有巨额财政和经常账户赤字、外汇储备水平较低的经济体，正面临借贷成本大幅上升的局面。在低通胀和高债务的背景下（尤其是发达经济体），持续走弱的总需求可能导致进一步的通货紧缩和偿债困难，继续拖累经济活动。

4. 贸易和投资局势不明朗

中美两国达成下阶段贸易协议的前景尚不明朗，美欧之间的双边贸易紧张局势也可能扩散。若不能迅速停止目前对世界贸易组织（WTO）争端解决程序的破坏，会继续增加全球贸易政策的不确定性。贸易和投资相关限制可能被用作全球公司税收谈判和其他与贸易无关的问题的杠杆。

英国和欧盟未来的贸易关系，以及自由贸易协定谈判能否在退出协议规定的过渡期内完成，仍存在不确定性。如果英国和欧盟不能在2020年12月“脱欧”过渡期的最后期限前达成自由贸易协定，英国将必须以WTO条款与欧盟进行贸易，大多数英国商品都将受到关税限制。

5. 金融环境收紧

疫情在世界范围内暴发以来，股票被大幅抛售，高收益公司和新兴市场主权债券相对于无风险利率的息差大幅扩大；流向新兴市场的投资资金也出现回流。在投资组合向现金和安全资产再平衡之际，美元资金出现短缺迹象。

（三）2020年经济政策展望

2020年的经济政策围绕新冠肺炎疫情展开，以扩大需求、提振市场信心为目的，主要包括以下几点。

1. 加大公共投资

经济增长疲软凸显国家在教育、卫生保健、数字和环境基础设施等公共领域加强投资的必要性。部分经济体自2008年国际金融危机后经历了较长时间的财政紧缩，开始出现公共资本短缺。尤其是在欧元区，许多发达经济体的长期利率接近零，公共投资的社会回报率很可能超过许多项目的融资成本。因此，政府应该加强公共投资，尤其是具有很大正外部性及由于市场失灵可能导致投资不足的领域。

2. 保证财政支持

疫情发生以来，大多数国家都推出各项财政手段支持经济，包括增加财政支出、进行转移支付和税收减免，以保护就业和收入，防止企业破产；及时补充金融体系流动性，帮助中小企业解决融资问题；允许受疫情影响严重的公司推迟纳税或偿还债务，或降低投入成本。包括加拿大、德国、英国、日本和韩国在内的许多发达国家正采取一些在疫情暴发前就已决定推出的财政宽松措施。如果经济增长进一步放缓，或政策工具收效甚微，政府需要采取进一步措施，避免加重企业负担。

对有较高债务和预算赤字的经济体而言，可自由支配的财政政策空间有限，但政府仍可通过改变支出和税收来支持经济增长。包括巴西和印度在内的许多新兴市场经济体仍有必要采取紧缩的财政政策，包括加强对准财政措施的使用限制。

3. 发挥货币政策的支持作用

为应对经济前景的不确定性，所有经济

体须充分发挥货币政策工具的支持作用，确保长期利率维持低位。然而，在长期的低利率或负利率之下，额外的货币政策对需求和通货膨胀的影响可能是有限的，特别是在没有其他财政政策或结构性政策支持的情况下。以当前的增长预期为条件，美国进一步降低政策利率的必要性有限，除非经济增长加速放缓的风险上升。欧元区和日本经济增长预计将持续低于平均水平、通胀远低于目标，可能需要再次实施额外的非常规措施，但大幅放松货币政策的空间较小。巴西、印度和墨西哥等拥有灵活汇率框架和可管理的外币计价债务的新兴市场经济体，在通胀下降的情况下有进一步放松货币政策的余地，并择机采取财政和结构性措施，以增强投资者信心。

4. 加强多边合作

一是共同支持卫生保健系统。在不同国家和地区，新冠肺炎疫情的高峰时期有所不同，疫情随时有二次甚至多次暴发的风险。为确保全球范围共同抗疫，所有国家都需要确保其卫生保健系统获得充分的资源，以消除跨国合作的壁垒。例如，取消对基本医疗用品的贸易限制，广泛和透明地分享信息，向保健能力有限的国家提供财政援助和专业知识，引导资金扩大疫苗生产等。

二是缓解流动性短缺。相较于发行储备货币的发达经济体而言，新兴市场和发展中国家可能面临外部资金短缺问题，迫切需要流动性援助。债权人和低收入国家应尽快商定双方都能接受的债务减免条款。受影响较大的国家可以通过丰富融资工具、央行互换额度等措施缓解流动性短缺。

三是解决贸易和科技关系紧张问题。紧张的贸易局势直接影响进出口规模，进而冲击制造业。生产原料需求降低，原料出口国的经济也难以摆脱间接影响。如果双边及多边贸易摩擦无法尽快解决，将危及疫情后全球经济复苏。

二、全球金融格局

（一）主要金融资产

1. 全球股市市值稳步提升

根据世界交易所联盟（World Federation of Exchanges，WFE）统计，2019 年末全球主要证券交易所的股票市值为 95.18 万亿美元，较 2018 年上升 24%（见图 1–1）。

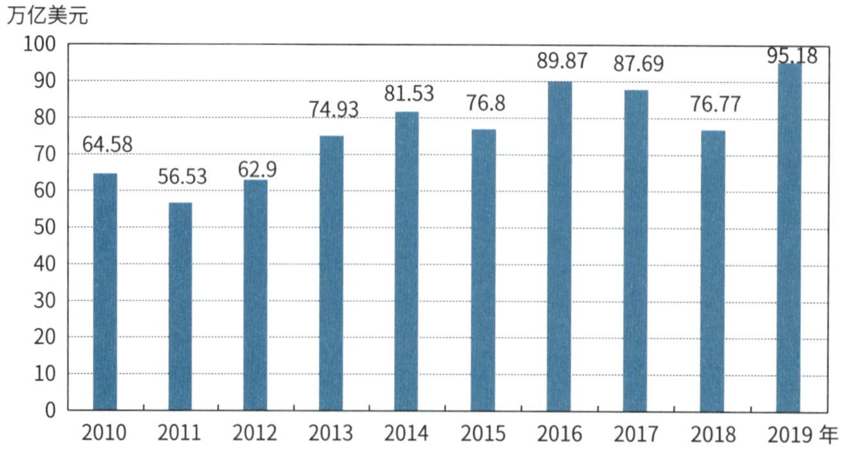

数据来源：WFE.

图 1–1　2010 年至 2019 年全球股票市值

2. 各国信贷资产增长分化

近年来，主要经济体信贷情况因本国经济增长差异而产生分化。国际清算银行（Bank for International Settlements，BIS）数据显示，2019 年日本和中国香港的信贷余额占 GDP 比例均超过 360%，新加坡占比首次超过 300%。从占比变化看，中国香港较上年上升 13.6 个百分点，中国上升 9.1 个百分点（见表 1–2）。

表 1–2 部分经济体金融部门向本国非金融部门的授信余额及其占 GDP 比例

单位：10 亿美元、%

经济体	2019 年		2018 年		2017 年		2016 年	
	余额	占比	余额	占比	余额	占比	余额	占比
美国	54 386	253.7	51 274	249.1	48 764	249.8	46 808	250.1
欧元区	35 034	261.5	34 566	261.0	35 661	265.3	30 899	271.2
英国	7 977	272.8	7 500	273.9	7 796	278.4	46 808	277.8
日本	19 444	381.0	18 715	376.0	17 936	369.8	16 965	370.9
新加坡	1 139	301.8	1 013	274.3	967	273.7	830	272.7
中国香港	1 372	372.7	1 300	359.1	1 273	374.0	1 131	352.1
中国	36 765	258.7	33 300	249.6	31 972	250.5	26 600	247.9
印度	3 584	128.2	3 289	123.1	3 191	122.6	2 731	123.9
巴西	2 943	163.1	2 793	157.4	3 020	152.0	2 869	149.0
俄罗斯	1 949	110.3	1 670	111.3	1 821	114.8	1 623	115.8
南非	494	137.2	442	131.0	476	126.1	396	125.0

数据来源：BIS.

3. 跨境权益与负债保持稳定

据 BIS 统计，2019 年末全球跨境权益总头寸为 29.99 万亿美元，负债为 26.79 万亿美元，相较 2018 年均略有增加。从币种结构来看，主要是美元，权益头寸为 15.0 万亿美元，负债头寸为 13.6 万亿美元；其次是欧元，权益头寸为 8.9 万亿美元，负债头寸为 8.0 万亿美元。从跨境头寸的工具来看，主要是贷款，权益和负债头寸分别为 20.7 万亿美元和 21.3 万亿美元；其次为债券，权益和负债头寸分别为 6.8 万亿美元和 3.8 万亿美元。从跨境头寸和国内信贷相对规模来看，英国、美国、中国香港、新加坡的金融业外向型程度较高（见表 1–3）。

表 1–3　部分经济体跨境权益和负债余额

单位：10 亿美元

经济体	权益			负债		
	2019 年	2018 年	2017 年	2019 年	2018 年	2017 年
美国	3 122.8	2 762.0	2 816.8	3 469.5	3 332.2	3 469.5
英国	4 878.2	4 923.8	5 064.3	4 998.3	4 890.7	4 996.2
日本	3 911.3	3 677.2	3 585.5	1 366.2	1 321.3	1 287.8
新加坡	809.1	796.7	774.6	736.3	751.2	737.0
中国香港	1 590.2	1 597.7	1 486.4	1 229.8	1 266.7	1 186.7
中国	1 171.0	1 116.4	997.7	1 331.2	1 297.6	1 278.9
印度	53.9	59.7	61.3	200.7	182.8	117.3
巴西	91.4	83.6	80.7	155.8	138.9	127.3
俄罗斯	193.7	193.4	202.4	132.0	124.6	156.9
南非	44.5	42.4	47.1	40.7	41.6	41.2

数据来源：BIS.

4. 债券资产持续增长

近年来，多数经济体所持有的境内外债券资产余额呈增长态势，如美国、中国、中国香港等；英国、新加坡和俄罗斯债券资产余额呈波动状态（见表 1–4）。美国持有最大的境内外债券余额。

表 1–4　部分经济体境内外债券资产余额

单位：10 亿美元

	2019 年	2018 年	2017 年	2016 年	2015 年	2014 年
美国	41 232	39 454	37 901	36 724	35 324	34 289
英国	6 288	5 756	6 030	5 430	5 891	6 170
日本	12 825	12 474	11 930	11 247	10 637	10 556
新加坡	493	441	412	326	322	349
中国香港	532	510	473	404	372	344
中国	14 726	12 907	11 757	9 409	7 753	5 835
印度	982	903	903	797	684	703
巴西	2 286	2 212	2 309	2 202	1 674	2 134
俄罗斯	493	391	433	357	284	314
南非	312	269	283	235	194	231

资料来源：BIS.

国际债券市场未清偿余额基本平稳。按发行人所在地划分，英美两国占主要份额，合计约 78.6%。其他国家占比均较低（见表 1–5）。

表 1–5　部分经济体发行的国际债券未清偿余额

单位：10 亿美元、%

经济体	2019 年		2018 年		2017 年		2016 年	
	余额	占比	余额	占比	余额	占比	余额	占比
美国	2 356	32.81	2 344	34.08	2 424	35.15	2 344	37.38
英国	3 288	45.79	3 105	45.15	3 151	45.69	2 848	45.42
日本	480	6.69	439	6.38	392	5.68	300	4.78
新加坡	185	2.58	169	2.46	146	2.12	118	1.88
中国香港	340	4.74	319	4.64	291	4.22	226	3.60
中国	217	3.02	212	3.08	188	2.73	137	2.19
印度	61	0.85	46	0.67	42	0.61	35	0.56
巴西	117	1.63	118	1.72	125	1.81	128	2.04
俄罗斯	95	1.32	88	1.28	104	1.51	103	1.64
南非	41	0.57	37	0.54	33	0.48	31	0.49
合计	7 180	100.00	6 877	100.00	6 896	100.00	6 270	100.00

资料来源：BIS.

（二）国际主要货币

当前的国际货币体系是以美元为主导，欧元、英镑、日元等货币并存的多元化格局。人民币在货币体系中的地位不断提高。2019 年的数据显示，人民币已成为全球第五大储备货币和第八大交易货币。

1. 主要货币稳定性比较

（1）主要货币汇率比较

经历了 2017 年的回落后，美元指数于 2018 年开始保持回升态势，并持续至 2020 年初。新冠肺炎疫情带来的美元流动性短缺导致美元指数在 2020 年 3 月超过 102；随后美联储再次大规模量化宽松，美元指数相应回落（见图 1–2）。

数据来源：Wind.

图 1–2　2017 年 1 月至 2020 年 7 月美元指数走势

主要发达经济体的汇率走势不一（见图 1–3）。由于欧洲经济复苏不及预期，欧元和英镑从 2018 年起对美元不断贬值，在美元流动性短缺时达到最低点，后因美元走弱而升值。日元对美元自 2019 年起开始升值，由于其避险属性，在疫情期间曾达到 1 美元兑 102 日元，为 2016 年 11 月以来的高点。

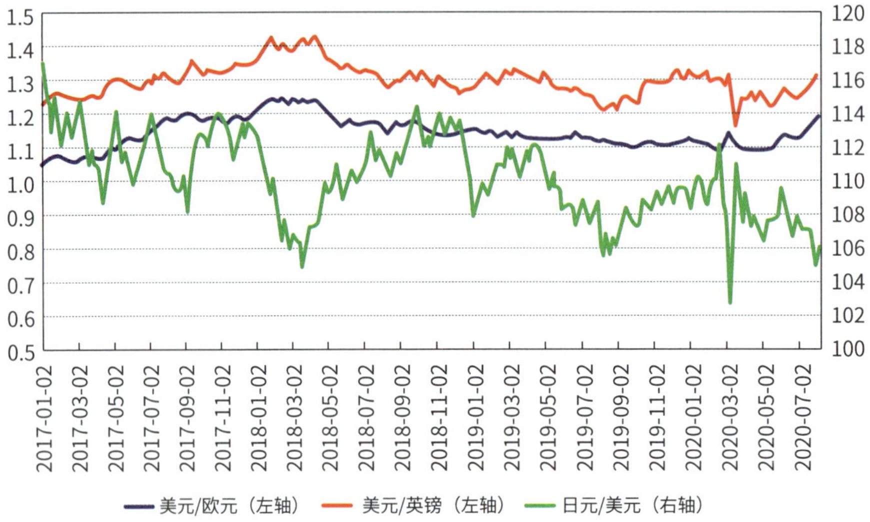

数据来源：Wind。

图 1–3　2017 年 1 月至 2020 年 7 月主要发达经济体汇率

新兴市场货币的汇率走势较为一致。人民币对美元汇率从 2018 年开始贬值，直到 2020 年 6 月；此后由于美国大规模量化宽松以及经济大幅收缩而出现回升（见图 1–4）。其他新兴市场经济体货币对美元汇率走势与人民币类似（见图 1–5）。

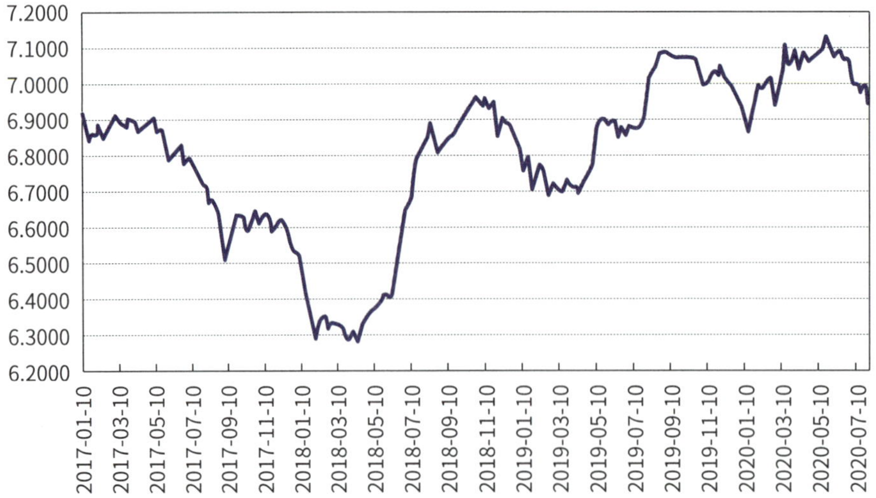

数据来源：Wind。

图 1–4　2017 年 1 月至 2020 年 7 月人民币汇率

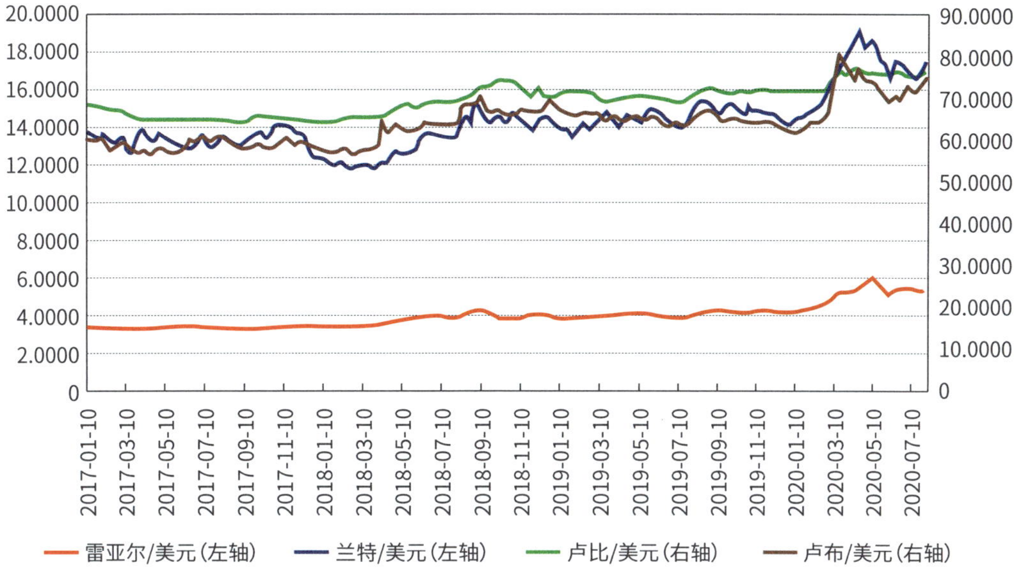

数据来源：Wind。

图 1–5　2017 年 1 月至 2020 年 7 月部分新兴市场经济体汇率

（2）各经济体通货膨胀水平比较

2019 年下半年至 2020 年上半年，美国、英国、日本等发达经济体由于经济复苏不足预期，加上疫情对经济的冲击，通货膨胀率有所下降，现均处于 1% 以下水平。主要新兴市场经济体通胀水平走势分化，印度通胀水平明显上升，俄罗斯的通胀率也超过 3%，中国、南非和巴西通胀水平小幅波动，整体较为平稳（见图 1–6）。

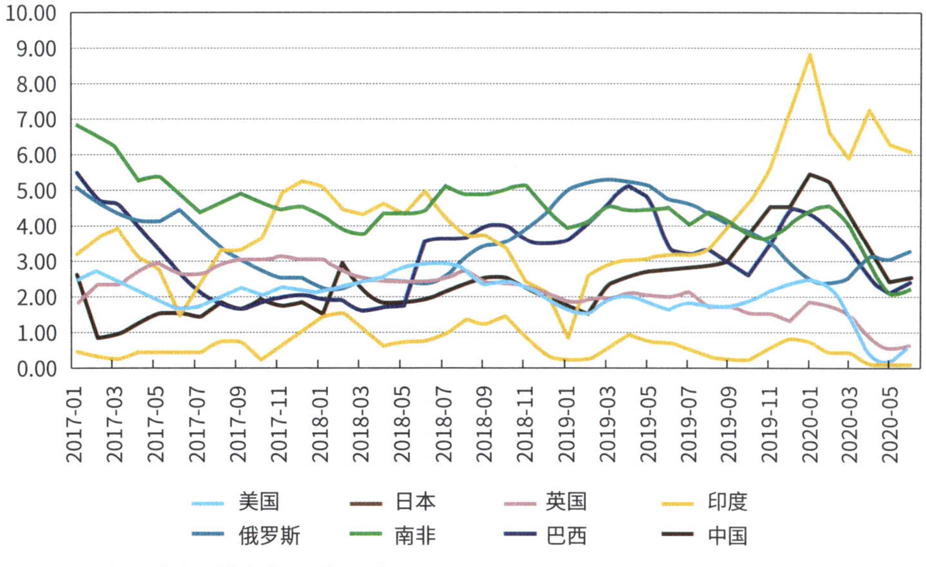

注：通货膨胀率指标为 CPI 当月同比。
数据来源：Wind。

图 1–6　2017 年 1 月至 2020 年 5 月部分经济体通货膨胀率

2. 全球外汇储备币种构成

2019 年末，全球官方外汇储备为 11.8 万亿美元，较 2018 年末有所增加，可识别货币占比为 93.7%。美元和欧元在全球主要储备货币中分别占 60.90% 和 20.58%；人民币占 1.95%，较 2018 年的 1.89% 略有上升。

表 1–6　全球官方外汇储备币种构成

单位：%

币种	2019 年	2018 年	2017 年	2016 年	2015 年	2014 年	2013 年	2012 年
美元	60.90	61.74	62.73	65.36	65.75	65.17	61.27	61.49
欧元	20.58	20.67	20.17	19.14	19.14	21.21	24.21	24.07
人民币	1.95	1.89	1.23	1.07	—	—	—	—
日元	5.70	5.20	4.90	3.96	3.75	3.55	3.82	4.09
英镑	4.62	4.42	4.54	4.34	4.72	3.70	3.99	4.04
澳元	1.69	1.62	1.80	1.69	1.77	1.60	1.82	1.46
加拿大元	1.87	1.84	2.03	1.94	1.78	1.75	1.83	1.43
瑞士法郎	0.16	0.14	0.18	0.17	0.27	0.24	0.27	0.21
其他货币	2.54	2.47	2.43	2.34	2.83	2.79	2.80	3.21

资料来源：IMF，Currency Composition of Official Foreign Exchange Reserves.

3. 全球交易货币分布

2019 年 4 月，外汇市场的日交易量从三年前的 5.1 万亿美元增至 6.6 万亿美元。美元在交易中占主导地位，占比达 88.3%，其次是欧元和日元。人民币为全球第八大交易货币，占 4.3%，较 2016 年提高 0.3 个百分点（见表 1–7）。

表 1–7　外汇市场前十大币种交易量

单位：%

币种	2019 年 4 月	2016 年 4 月
美元	88.3	87.6
欧元	32.3	31.4
日元	16.8	21.6
英镑	12.8	12.8
澳元	6.8	6.9
加元	5.0	5.1
瑞士法郎	5.0	4.8
人民币	4.3	4.0
港元	3.5	1.7
新西兰元	2.1	2.1

数据来源：BIS，Triennial Central Bank Survey，2019.

专栏 1　十年砥砺　人民币国际化硕果累累

2019 年是跨境贸易人民币结算试点暨人民币国际化启动十周年。十年来，人民银行与市场机构一道，按照尊重市场需求、服务实体经济、确保风险可控的原则，有序推动人民币国际使用。经过十年的发展，跨境人民币业务政策框架基本建立，基础设施逐步完善，人民币国际使用稳步发展。

一、人民币跨境使用范围逐步扩大，人民币国际货币地位显著提升

十年来，人民币作为国际货币的功能从单一的支付结算向投融资、交易计价、储备功能拓展。目前，人民币已成为中国第二大跨境收付货币、全球第五大支付货币、SDR 权重排名第三的重要货币，是全球第三大贸易融资货币、第八大外汇交易货币、第五大外汇储备货币。全球已有 70 多个境外央行或货币当局将人民币纳入外汇储备。超过 32 万家企业和 280 多家银行开展跨境人民币业务，与中国发生跨境人民币收付的国家和地区达 240 余个。

二、跨境人民币业务政策不断优化，政策框架基本建立

自试点以来，人民银行始终坚持以“服务实体经济，促进贸易投资便利化”为导向，贴近经济主体在不同阶段的人民币跨境使用需求，不断完善跨境人民币业务政策，逐步实现从经常项目到资本项目、从贸易投资到金融交易、从企业到个人、从简单业务到复杂业务的发展，人民币跨境使用的广度和深度不断拓展。人民币对外直接投资（ODI）、外商直接投资（FDI）、人民币境外放款、跨境双向人民币资金池、跨境全口径融资等政策陆续推出并不断完善，经常项目和直接投资项下人民币跨境业务流程不断简化。目前，人民币跨境使用政策体系已基本完备，外币能做的业务，人民币都能做。

三、金融基础设施不断完善，系统服务功能持续增强

人民币跨境支付清算系统（CIPS）一期和二期先后上线运行，运行时间延长至“5×24 小时 +4 小时”，实现了对全球各时区金融市场的覆盖，支持当日结算，为实现人民币全球清算提供了服务保障。人民币跨境收付信息管理系统（RCPMIS）性能不断优化，为人民币国际化提供了坚实的信息技术支持。目前，系统采集范围涵盖人民币跨境收付相关业务信息、流量信息和存量信息。系统统计监测功能逐步完善，满足了业务统计、监测、分析及宏观调控决策等方面需要。截至 2019 年末，共有 438 家金融机构接入系统。

四、上海成为人民币国际化的重要枢纽，勇当改革“排头兵”

作为全国首批启动跨境贸易人民币结算的试点城市，上海率先办理了全国首单人民币跨境货物贸易结算。随后，跨境双向人民币资金池、跨境全口径融资、自由贸易账户等多项业务在上海先行先试，在全国范围内形成了积极的示范效应。本外币一体化的自由贸易账户可支持黄金国际板、国际再保险平台、自贸区市政债、自贸区航运及大宗商品衍生品中央对手清算等业务。“沪港通”“债券通”“沪伦通”等均通过上海联结，金融对外开放程度大幅提升。全球首个以人民币

计价的“上海金”，增强了我国在国际黄金市场上的定价话语权。原油期货、铁矿石等相继使用人民币计价结算。目前，在沪世界500强企业跨境人民币结算量已超过外币结算量，人民币成为在沪跨国企业首选的跨境结算币种。

2010年至2019年，上海市跨境人民币业务迅猛发展，跨境人民币结算量从400多亿元增长到近10万亿元，年均增长率达到80%以上。上海人民币跨境业务结算量在全国的占比已上升到50%，始终位于全国前列。

第二章
上海国际金融中心发展情况

2019年，上海金融开放创新加快，国际金融中心建设取得重要进展。上海证券交易所设立科创板并试点注册制，从宣布到落地实施仅历时9个月，标志着中国资本市场全面深化改革开启了新征程。为促进资本市场支持科创企业发展，上海市政府印发《关于着力发挥资本市场作用促进本市科创企业高质量发展的实施意见》，打造国际一流的投融资生态系统。

金融产品创新取得突破。中日ETF互通产品、20号胶期货、沪深300ETF期权、沪深300股指期权、天然橡胶期权、不锈钢期货、国债期货期转现、票据“贴现通”“票付通”、长三角一体化ETF、黄金期权、标准化票据、债券回购违约处置等多项业务创新推出。贷款市场报价利率（LPR）形成机制改革顺利推进，“上海价格”扩展至信贷市场。中债长三角系列债券指数、中资美元债系列产品相继推出，“上海金”期货产品在芝加哥商品交易所上线，“上海价格”序列不断丰富和完善，人民币资产定价能力大幅提升。

金融对外开放进一步扩大。安联（中国）保险控股公司获批开业，是全国首家外资全资保险控股公司。野村东方国际证券和摩根大通国际证券获批开业，是全国首批新设外资控股合资券商。汇华理财获批筹建，是全国首家外资控股合资理财公司。

金融生态环境不断完善。上海市公共数据开放普惠金融应用上线，是全国首家省级层面信用信息普惠大数据平台。上海市金融工作局与在沪金融管理部门联合发布《关于贯彻〈中共中央办公厅、国务院办公厅关于加强金融服务民营企业的若干意见〉的实施方案》，推动构建专业、联动、全面的融资支撑体系。上海市网贷整治工作、重点交易场所清理整顿取得阶段性成效，扫黑除恶专项斗争工作扎实推进，未发生系统性金融风险和重大金融安全事件。

一、经济金融发展概况

2019年，上海市经济延续了总体平稳、稳中有进、进中固稳的发展态势，显示出较强的韧性和活力。在国际环境错综复杂、国内经济下行压力较大以及自身结构调整阵痛、新旧动能转换困难等因素影响下，上海市全年实现生产总值38155.32亿元（见表2–1），同比增长6.0%。其中，第三产业增加值27752.28亿元，增长8.2%，占全市生产总值的比重为72.7%，同比提高1.8个百分点。全年日均新设企业1476户，同比增长12.0%，为全市经济发展注入新动能。网络经济蓬勃发展，全年电子商务交易额达到3.3万亿元，同比增长14.7%。网络购物交易额达到1.3万亿元，同比增长27.0%。利用外资较快增长，全市新设外资合同项目数和合同金额在上年两位数增长的基础上继续保持较快增长，增速分别为21.5%和7.1%。居民消费价格同比上涨2.5%，涨幅同比提高0.9个百分点。

上海金融业增长势头良好，已经发展成为上海的重要支柱产业之一。2019年，上海实现金融业增加值 6 600.6 亿元，同比增长 11.6%，占全市生产总值的 17.3%，对经济增长的贡献度为 34%，占全国金融业增加值的 8.56%。全市持牌金融机构 1 645 家。全市本外币各项存款余额 132 820.27 亿元，同比增长 9.7%，较同期全国存款增速高 1.1 个百分点。本外币各项贷款余额 79 843.01 亿元，同比增长 9%，较同期全国贷款增速低 2.9 个百分点。全年金融市场交易总额达到 1 934.31 万亿元，同比增长 16.6%；金融市场直接融资额 12.7 万亿元，同比增长 32.6%。

表 2-1　上海市经济金融基本情况

项目	2019 年	2018 年	2017 年	2016 年	2015 年
国内生产总值（亿元）	38 155.32	36 011.82	30 133.86	27 466.15	24 964.99
其中：金融业增加值（亿元）	6 600.60	5 781.63	5 330.54	4 762.50	4 052.23
全社会固定资产投资（亿元）	—	7 623.42	7 246.60	6 755.88	6 352.70
一般公共预算收入（亿元）	7 165.10	7 108.15	6 642.26	6 406.13	5 519.50
一般公共预算支出（亿元）	8 179.28	8 351.54	7 547.62	6 918.94	6 191.56
社会消费品零售总额（亿元）	13 497.21	12 668.69	11 830.27	10 946.57	10 055.76
居民消费价格指数（以上年为 100）	102.5	101.6	101.7	103.2	102.4
进出口总额（亿美元）	34 046.82	34 009.93	32 237.82	28664.37	28 060.88
其中：进口（亿美元）	20 325.91	20 343.08	19 117.51	16558.92	15 832.33
出口（亿美元）	13 720.91	13 666.85	13 120.31	12 105.45	12 228.56
常住人口（万人）	2 428.14	2 423.78	2 418.33	2 419.70	2 415.27
居民人均可支配收入（元）	69 442	64 183	58 988	54 305	49 867

数据来源：上海统计年鉴和统计公报。

二、金融服务业与金融机构

（一）银行业

截至 2019 年末，在沪各类营业性银行业金融机构数量已达 4 069 家，从业人员 13.09 万人。其中，法人机构数 91 家，包括 5 家中资法人银行、14 家村镇银行、23 家企业集团财务公司、7 家信托公司、21 家外资金融机构、21 家其他法人机构（金融租赁公司、汽车金融公司、货币经纪公司、消费金融公司）。

2019 年末，上海银行业金融机构资产总额 16.51 万亿元，同比增长 7.05%，占全国的 5.84%；各项存款余额比年初增加 11 679.94 亿元，各项贷款余额比年初增加 5 609.84 亿元（见表 2–2）；不良贷款余额 731.69 亿元，比年初增加153.27 亿元；不良贷款率为 0.93%，比年初上升 0.14 个百分点，比全国银行业 2.02% 的平均水平低 1.09 个百分点。全年上海银行业累计实现净利润 1 599.35 亿元，同比下降 7.88%，比全国银行业 4.62% 的净利润增长水平低 12.50 个百分点。

表 2–2　2019 年上海市中外资金融机构本外币存贷款情况

单位：亿元

项目	绝对值	比年初增减额
各项存款余额	132 820.27	11 679.94
其中：住户存款	33 295.40	4 712.03
非金融企业存款	56 339.73	2 708.56
财政性存款	2 774.37	267.99
机关团体存款	14 111.15	731.10
非银行业金融机构存款	19 695.91	2 599.70
各项贷款余额	79 843.01	5 609.84
其中：住户贷款	25 280.22	2 059.18
非金融企业及机关团体贷款	50 030.78	3 361.87
非银行业金融机构贷款	427.18	81.77
人民币个人消费贷款	22 393.43	1 486.73
其中：住房贷款	14 351.73	1 037.72
汽车消费贷款	4 227.64	101.23

数据来源：《2019 年上海市国民经济和社会发展统计公报》。

（二）证券期货业

截至 2019 年末，上海共有证券公司 27 家（包括 8 家证券公司下属的资产管理公司），占全国 133 家的 20.3%；证券公司分公司 121 家，证券营业部 773 家。此外，上海还有证券投资咨询公司 17 家，境外证券类机构上海代表处 39 家。上海证券公司总资产 16 084.59 亿元、净资产 4 876.98 亿元、净资本 3 792.24 亿元，同比分别增长 14.62%、增长 7.82% 和减少 0.19%（见表 2–3）。

表 2–3　上海证券公司经营情况

项目	2019 年		2018 年	
	绝对数	同比增减（%）	绝对数	同比增减（%）
证券公司家数（家）	27	—	25	—
全国占比（%）	20.3	—	19.1	—
总资产（亿元）	16 084.59	14.62	14 032.52	–0.19
净资产（亿元）	4 876.98	7.82	4 523.19	1.6
净资本（亿元）	3 792.24	–0.19	3 799.51	–3.29
营业收入（亿元）	817.84	26.47	646.65	–8.77
净利润（亿元）	315.20	107.49	151.91	–48.34

数据来源：上海证监局。

截至2019年末，上海共有基金管理公司57家，占全国128家的44.53%；基金管理公司分支机构32家，基金管理公司专业子公司39家；基金评价机构3家，独立基金销售机构29家，基金第三方支付机构7家。上海基金管理公司管理总资产规模（含公募基金、专户、年金、社保、养老金）70 975.98亿元。其中，管理公募基金2 267只，公募基金资产规模49 481.21亿元，同比分别增长18.13%和21.48%（见表2–4）；管理非公开募集资产规模17 066.65亿元，同比增长11.84%。基金管理公司专户子公司管理资产规模18 463.51亿元，同比减少19.14%。证券公司资产管理规模39 642.6亿元，同比减少8.9%。此外，截至2019年末，在中国证券投资基金业协会完成登记的上海私募基金管理人共4 709家，占全国24 471家的19.24%；管理私募基金22 490只，占全国的27.51%；管理规模29 508亿元，占全国的21.48%。

表2–4　上海基金管理公司经营情况

项目	2019年		2018年	
	绝对数	同比增减（%）	绝对数	同比增减（%）
基金管理公司家数（家）	57	—	54	—
全国占比（%）	44.53	—	45	—
基金管理公司资产管理总规模（亿元）	70 975.98	18.70	59 793.63	7.70
公募基金数量（只）	2 267	18.13	1 919	8.30
公募基金总份额（亿份）	48 978.71	17.28	41 762.85	27.80
公募基金总净值（亿元）	49 481.21	21.48	40 733.05	15.67
基金管理公司当年新发基金数（只）	412	25.61	328	–10.38

数据来源：上海证监局。

截至2019年末，上海共有期货公司34家，占全国149家的22.82%；期货分公司68家，营业部113家；上海期货公司总资产（含客户权益）2 036.90亿元、净资产314.05亿元，同比分别增长28.04%和12.54%（见表2–5）。

表2–5　上海期货公司经营情况

项目	2019年		2018年	
	绝对数	同比增减（%）	绝对数	同比增减（%）
期货公司家数（家）	34	—	33	—
全国占比（%）	22.82	—	22.2	—
总资产（亿元）	2 036.90	28.04	1 590.83	7.8
净资产（亿元）	314.05	12.54	279.06	12.7
净资本（亿元）	201.46	–3.61	209	1.9
客户权益（亿元）	1 678.42	31.77	1 273.73	8
净利润（亿元）	15.83	–23.64	20.73	–5.1

数据来源：上海证监局。

（三）保险业

截至2019年末，上海市共有57家法人保险机构，其中保险集团2家，财产险公司20家（其中自保公司1家），人身险公司22家，再保险公司4家，资产管理公司9家；共有108家省级保险分支机构，其中财产险分公司53家，人身险分公司52家，再保险分公司3家。全市共有225家保险专业中介法人机构，其中保险代理机构110家，保险经纪机构77家，保险公估机构38家。

全年上海保险机构资产总额8 831.87亿元，同比增长12.25%。保险公司原保险保费收入1 720.01亿元，同比增长22.4%。其中，财产险公司原保险保费收入643.39亿元，增长10.5%；人身险公司原保险保费收入1 076.62亿元，增长30.7%（见表2–6）。全年保险赔付支出654.90亿元，同比增长12.6%。其中，财产险业务原保险赔款支出306.12亿元，增长12.7%；寿险业务原保险给付225.15亿元，增长8.3%；健康险业务原保险赔款给付100.77亿元，增长22.6%；意外险业务原保险赔款支出22.87亿元，增长15.5%。

表2–6　上海保险业运行基本情况

项目	2019年	2018年	2017年	2016年	2015年
保险公司数（家）	165	158	156	154	150
保险公司总资产（亿元）	8 831.87	7 868.37	7 414.98	6 834.82	7 211.15
原保险保费收入（亿元）	1 720.01	1 405.79	1 587.10	1 529.26	1 125.16
其中：财产险公司（亿元）	643.39	582.10	482.67	410.78	385.89
人身险公司（亿元）	1 076.62	823.69	1 104.43	1 118.48	739.27
保险赔付支出（亿元）	654.90	581.56	548.93	528.77	473.59
保险密度（元/人）	7 084	5 813	6 563	6 319	4 659
保险深度（%）	4.51	4.30	5.27	5.57	4.51

数据来源：上海银保监局。

三、金融市场运行

（一）货币市场

2019年，银行间市场成交1 454.3万亿元，同比增长15.2%。银行间本币市场成员30 346家，较上年末增加5 542家；银行间外汇市场会员711家，较上年末增加33家。全年流动性保持合理充裕，货币市场利率中枢整体下行（见图2–1）。隔夜、3个月、1年期Shibor，隔夜拆借加权利率（IBO001）年末较年初分别下降86个、33个、42个和44个基点，收于1.69%、3.02%、3.10%和1.90%；7天品种Shibor 1周、7天质押式回购加权利率（R007）和存款类机构7天质押式回购加权利率（DR007）年末较年初分别降低17个、48个和39个基点，收于2.74%、3.07%和2.65%。

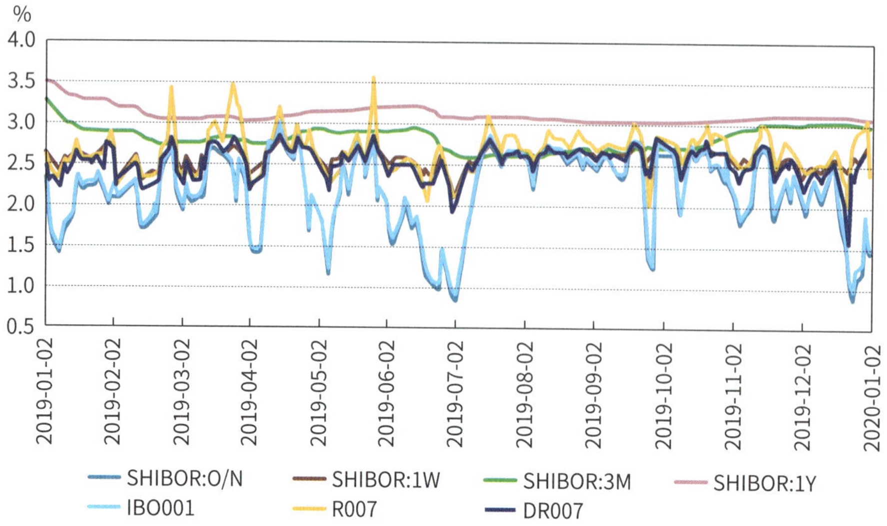

图 2-1 银行间货币市场利率走势

全年货币市场成交 971.3 万亿元，同比增长 12.7%。其中，信用拆借成交 151.6 万亿元，同比增长 8.9%；质押式回购成交 810.1 万亿元，同比增长 14.3%；买断式回购成交 9.5 万亿元，同比下降 31.9%（见表 2-7）。从货币市场融资结构看，大型商业银行、政策性银行和股份制商业银行分列资金净融出额第一、第二和第三位，净融出额分别为 156.1 万亿元、108.3 万亿元和 54.7 万亿元；证券公司、基金公司和投资产品分列资金净融入额第一、第二和第三位，净融入额分别为 111.9 万亿元、111.7 万亿元和 40.9 万亿元。

表 2-7 货币市场交易情况

单位：万亿元

品种	2019 年	2018 年	2017 年	2016 年	2015 年
同业拆借	151.6	139.3	79	95.9	64.2
债券回购	819.6	722.7	616.4	601.3	457.8
其中：质押式回购	810.1	708.7	588.3	568.3	432.4
买断式回购	9.5	14.0	28.1	33.0	25.4
合计	971.3	862.0	695.3	697.2	522.0

数据来源：中国外汇交易中心。

2019 年，票据市场累计签发承兑票据 20.38 万亿元，同比增长 11.55%；年末承兑余额 12.73 万亿元，比年初增长 15.27%。其中，电子商业汇票累计签发承兑 19.96 万亿元，占比 97.94%。银行承兑汇票累计签发承兑 17.36 万亿元，占比 85.18%；商业承兑汇票累计签发承兑 3.02 万亿元，占比 14.82%。票据签发承兑量在社会融资规模中占比为 5.07%，比上年提高 0.2 个百分点。票据累计贴现 12.46 万亿元，同比增长 25.33%；年末贴现余额 8.18 万亿元，比年初增长 24.03%。贴现增量在企业贷款增量中占比达到 16.77%，成为支撑企业贷款增长的重要力量。票据市场交易量为50.94万亿元，同比增长22.01%。其中，转贴现38.82万亿元，同比增长12.11%；回购12.12万亿元，同比增长70.11%。分介质看，电子商业汇票交易50.84万亿元，占比99.8%；纸质商业汇票交易0.1万亿元，占比0.2%。

（二）债券市场

2019年，债券市场共发行各类债券27.04万亿元，同比增长19.65%。其中，在中央结算公司登记发行债券15.31万亿元，占比56.61%；上海清算所新发债券7.21万亿元，占比26.67%；交易所新发债券4.52万亿元，占比16.72%。[①]银行间债券市场发行方面，在中央结算公司发行记账式国债3.76万亿元，同比增长12.69%；发行地方债券4.36万亿元，同比增长4.74%；发行政策性银行债3.66万亿元，同比增长6.59%；发行商业银行债1.60万亿元，同比增长74.36%；发行信贷资产支持证券0.96万亿元，同比增长3.39%。在上清所发行中期票据1.84万亿元，同比增长9.37%；发行短期融资券（含超短期融资券）3.58万亿元，同比增长14.54%；发行非公开定向债务融资工具0.62万亿元，同比增长13.25%。

2019年，债券市场成交218.4万亿元，同比增长42.0%，其中债券借贷成交4.6万亿元。分券种看，政策性金融债、同业存单和国债成交占比排名前三，成交金额分别为91.4万亿元、50.4万亿元和34.8万亿元，市场占比分别为41.8%、23.1%和15.9%；中期票据、地方政府债、超短期融资券、短期融资券、政府支持机构债券等券种成交金额为41.8万亿元，市场占比为19.1%。分期限看，5年期以下、5~10年期和10年期以上品种成交金额分别为152.6万亿元、57.5万亿元和3.6万亿元，市场占比分别为71.4%、26.9%和1.7%。此外，2019年海外资金持续增配国内债券，境外机构利率债持有量由2018年底的1.5万亿元增长到2019年末的2万亿元，三大国际债券指数已有两大指数将中国债券纳入其中。

截至2019年末，全国债券市场托管存量达到87.38万亿元，同比增长14.29%。其中，中央结算公司托管债券64.98万亿元，占全市场的74.37%；上海清算所托管债券11.63万亿元，占全市场的13.30%；交易所托管债券10.78万亿元，占全市场的12.33%。[②]

2019年全年新增违约债券规模较2018年超300%的同比增速显著回落，违约量急速上升的趋势得到控制，但信用债违约规模居高。截至2019年末，银行间市场和交易所共有178只债券发生违约，涉及的债券本金规模达1 424.08亿元。其中银行间市场共有85只债券发生违约，涉及的债券逾期本金规模达1 102.03亿元。

2019年市场利率走势基本平稳。年末，1年期、3年期、10年期国债收益率分别收于2.36%、2.73%和3.14%，较年初下行24个、14个和9个基点，1年期与10年期国债期限价差扩大15个基点。信用债行情分化，5年期AAA级、AA级中期票据利率分别收于3.71%和4.43%，较年初下行34个和60个基点。

---

① 不包括同业存单。

② 不包括同业存单。

图 2-2 银行间国债到期收益率曲线

上海证券交易所（以下简称上交所）债券市场规模稳步扩大，债券直接融资功能进一步增强。截至 2019 年末，上交所债券托管量 10.14 万亿元，同比增长 20.92%。债券挂牌 1.5 万只，同比增长 24.1%，具体品种包括国债、地方债、金融债、企业债、公司债、可转换公司债和资产支持证券。债券总成交金额 221.7 万亿元，其中：现券成交 6.4 万亿元，同比增长 25.04%；回购（包括债券质押式回购、协议回购、三方回购和报价回购）成交 215.3 万亿元，同比增长 1.68%。全年上交所债券市场融资 5.69 万亿元，同比上升 28%。其中：公司债券发行 2.77 万亿元，可转债发行 1 854 亿元，地方政府债券发行 1.95 万亿元，资产支持证券发行 0.73 万亿元，政策性金融债发行 635 亿元。

专栏 2 中国债券逐步被纳入国际主流债券指数

作为全球第二大债券市场，中国债券市场的国际影响力正不断提升，对外开放程度进一步扩大，2019 年以来，中国债券逐步被纳入国际主流债券指数。

自 2019 年 4 月 1 日起，以人民币计价的中国国债和政策性银行债开始被纳入彭博巴克莱全球综合指数（The Barclays Global Aggregate Index，BGAI），364 只中国债券将以每月递增 5% 的比例在 20 个月内分步纳入指数。完全纳入后，人民币债券资产将在该指数总市值中占比超过 6%，以人民币计价的中国债券将成为继美元、欧元、日元之后第四大计价货币债券。

2019 年 9 月，美国摩根大通宣布，自 2020 年 2 月 28 日起，将以人民币计价的 9 只期限为 5~10 年的高流动性中国国债纳入其旗下摩根大通全球新兴市场政府债券指数系列（Government Bond Index–Emerging Markets，GBI–EM），纳入工作将在 10 个月内分步完成，完全纳入后中国国债将达到该指数 10% 的权重上限。

此外，富时罗素也已将中国列入其追踪资金量最大的富时世界国债指数（FTSE World Government Bond Index，WGBI）

的观察国家。

中国债券被纳入国际主流债券指数有多方面影响：一是吸引境外投资者入市。2019年年末，共有796家境外机构主体进入银行间债券市场，较上年末增加了220家。2019年全年，共有59家资产管理人管理的251只追踪国际债券指数的境外产品完成备案入市。二是推动国际资金流入。中国债券被纳入彭博巴克莱全球综合指数和摩根大通全球新兴市场政府债券指数后，将吸引大量指数追踪资金进入中国债券市场。2019年末，境外机构在银行间债券市场的债券托管总量为2.20万亿元，较上年末增加0.47万亿元，增长27.4%，占银行间市场债券总托管量的2.5%。从券种看，2019年境外机构净增持国债2 137.59亿元，净增持政策性金融债1 373.09亿元。三是推动中国债券市场高质量发展。中国债券被纳入国际主流债券指数有利于推动中国债券市场借鉴国际债券市场的经验，通过加强与境外投资者的沟通交流、便利境外投资者入市、丰富风险对冲工具、完善债券评级体系、推进债券违约处置机制建设等方式，形成多样化的债券品种结构、多元化的投资者结构和较为完善的债券市场基础设施，进而有助于推动中国债券市场高质量发展。

中国债券被纳入国际主流债券指数，充分反映了境外投资者对中国经济的信心，也是中国债券市场对外开放取得新进展的重要体现，是扩大金融业对外开放的重要举措，对于推动人民币国际化具有重要意义。

（三）股票市场

截至2019年末，上海股票市场共有上市公司1 572家，市值36万亿元，同比增长31.91%（见表2–8）。其中，科创板上市公司70家，市值8 638亿元，占比2.43%。全年股票成交额大幅提升，累计成交额54.4万亿元，同比增长35%。其中，主板累计成交额53.1万亿元，科创板累计成交额1.3万亿元。融资结构继续优化，对科创企业的支持力度不断加大。全年沪市股票累计筹资5 145亿元，同比减少16%。其中，完成首次公开发行（IPO）123家，募集资金1 844亿元。其中，科创板上市公司70家，筹资824亿元，占比45%。再融资266家，募集资金3 301亿元，同比减少37%。上海市场年末股票总市值、全年股票市场融资额、股票成交金额分别居全球第4位、第1位和第4位。

基金市场运行平稳有序，发展态势良好。截至2019年末，沪市基金产品总数292只，总市值6 266亿元，同比增长34%，占场内基金市场总市值的76%。全年成交金额6.86万亿元，同比下降4%（见表2–8）。ETF市场规模稳居亚洲第二，上交所共有ETF产品193只，总市值5 963亿元，同比增长44%，分别占国内ETF数量和总市值的73%和84%。全年ETF成交6.8万亿元，占国内ETF市场总交易量的78%。ETF市场投资者达到260万户，较2018年末翻番。

表 2-8　上海证券市场情况

市场概况	2019 年	2018 年	2017 年
	上市证券（年末）		
上市公司数	1 572	1 450	1 396
上市证券数	17 623	14 069	12 219
上市股票数	1 615	1 494	1 440
新上市公司数	123	57	214
发行股本（亿股）	40 199.42	37 708.96	35 288.35
非限售股股本（亿股）	35 170.22	33 497.24	31 119.45
市价总值（亿元）	355 519.70	269 515.01	331 324.82
流通市值（亿元）	301 254.52	232 698.75	281 365.67
	筹资金额		
市场合计筹资（亿元）	42 436.01	25 088.40	22 651.67
股票（亿元）	5 145.33	6 113.96	7 578.06
优先股（亿元）	2 550.00	1 225	200
公司债融资（亿元）	27 667.48	17 780.87	14 937.99
	交易概况		
交易天数	244	243	244
	成交金额		
合计（亿元）	2 834 818.77	2 646 248.80	3 063 862.43
股票（亿元）	544 614.37	403 184.38	511 242.79
基金（亿元）	68 589.58	71 651.49	78 169.76
债券（亿元）	2 217 835.36	2 169 458.16	2 473 417.83
优先股（亿元）	390.67	157.11	138.91
期权（亿元）	3 388.78	1 797.66	893.14
其他（亿元）	0	0	0
日均成交金额（亿元）	11 618.11	10 889.91	12 556.81
日均股票成交金额（亿元）	2 232.03	1 659.19	2 095.26
全年股票成交数量（亿股）	54 046.64	37 546.31	44 500.24
日均股票成交数量（亿股）	221.50	154.51	182.38
全年股票成交笔数（万笔）	323 496.08	224 330.55	240 178.48
日均股票成交笔数（万笔）	1 325.80	923.17	984.34

数据来源：上海证券交易所。

（四）外汇市场

2019 年，人民币对美元汇率双向波动频繁，汇率弹性明显增强。全年走势“两升两贬”呈 W 形，总体走贬（见图 2–3）。年末，人民币对美元中间价和交易价分别收于 6.9762 和 6.9662，较 2018 年末分别贬值 1.6% 和 1.4%，远小于 2016 年、2018 年的贬值幅度，表明人民币汇率具有弹性，具备在合理均衡水平保持基本稳定的能力。2019 年，波动率保持在 4.1% 左右，接近发达经济体货币平均波动水平。汇率的波动区间也逐步走宽，全年有 212 个交易日汇率的波动超过 100 个基点。同时，市场主体的预期保持稳定，市场对人民币波动的接受度显著提高。

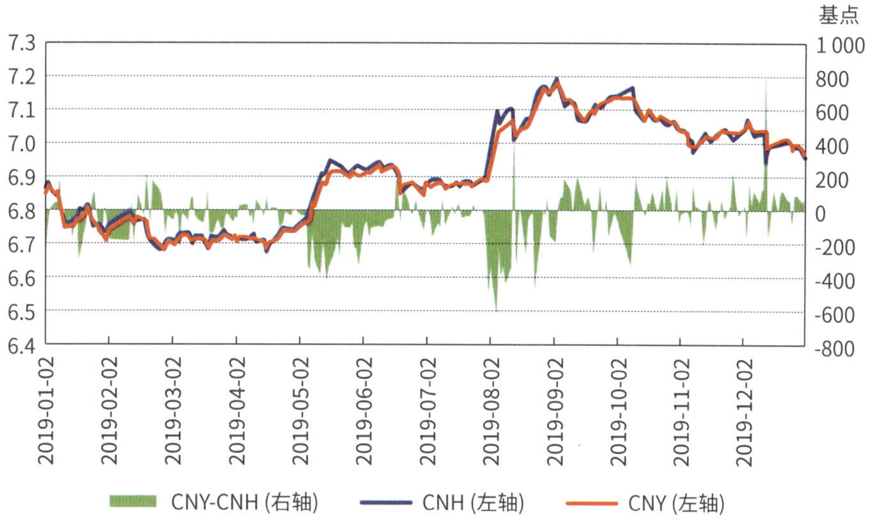

图 2–3　人民币对美元汇率走势及价差

2019 年，银行间外汇市场成交量保持稳步增长，全年成交 246.0 万亿元人民币，同比增长 9.1%。其中，人民币外汇市场、外币对市场、外币拆借市场成交分别为 172.4 万亿元、3.3 万亿元和 70.3 万亿元，同比分别增长 4.4%、165.9% 和 19.0%。

（五）黄金市场

2019 年，上海黄金交易所总交易金额 28.76 万亿元，同比增长 33.18%。其中，黄金成交量 6.86 万吨，同比增长 0.12%，成交额 21.49 万亿元，同比增长 15.69%（见图 2–4），黄金交易量居全球交易所市场第三位；白银成交量 178.00 万吨，同比增长 113.41%，成交额 7.25 万亿元，同比增长 141.37%；铂金成交量 42.77 吨，同比增长 2.85%，成交额 86.11 亿元，同比增长 3.07%。上海黄金交易所国际业务板块成交量 25.91 万吨，同比增长 814.35%；成交金额 3.67 万亿元，同比增长 99.11%。其中，黄金成交量 0.82 万吨，同比增长 25.19%，成交金额 2.62 万亿元，同比增长 48.22%；白银成交量 25.09 万吨，同比增长 1 051.58%，成交金额 1.05 万亿元，同比增长 1 255.19%。

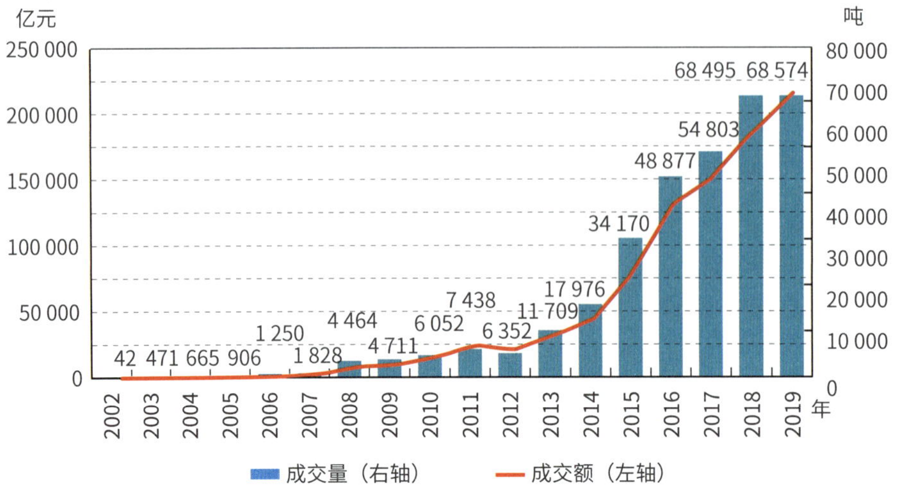

数据来源：上海黄金交易所年报。

图 2–4　2002—2019 年上海黄金交易所黄金成交量和成交额

2019 年，上海黄金交易所黄金竞价市场成交量 2.71 万吨，同比增长 32.75%（见表 2–9）。其中，现货实盘合约成交 5 214.17 吨，同比下降 22.63%，实物需求有所下滑；延期交收合约成交 2.19 万吨，同比增长 60.09%，投资交易需求增幅较大。黄金询价市场全年成交量 4.03 万吨，成交金额 12.64 万亿元，同比增长 0.09%。黄金定价市场成交 1 168.96 吨，同比下降 20.73%；成交额 3 624.12 亿元，同比下降 9.35%；日均成交 4.79 吨，日均成交额 14.85 亿元。

表 2–9　2019 年上海黄金交易所黄金竞价、询价和定价成交情况

项目	成交量（万吨）	增长（%）	成交金额（万亿元）	增长（%）
竞价	2.71	32.75	8.49	53.04
询价	4.03	–13.49	12.64	0.09
上海金（定价）	0.12	–20.73	0.36	–9.35
合计	6.86	0.12	21.49	15.69

数据来源：上海黄金交易所 2019 年年报。

2019 年，上海黄金交易所资金清算量 37 430 亿元，日均清算量 153 亿元，同比增长 10.24%。其中，自营资金清算量 27 630 亿元，增长 19.61%；会员代理 9 800 亿元，下降 8.52%。实物入库量共计 4 347.81 吨，同比下降 4.07%。实物出库量共计 2 975.73 吨，同比下降 19.79%。全年，上海黄金交易所在全国 36 个地区使用 67 家交割仓库，满足了国内包括金融、生产、加工、批发、进出口贸易等各类黄金产业链企业的出入库需求。

（六）期货市场

1. 商品期货市场

2019 年，上海商品期货市场成交 14.48 亿手和 112.52 万亿元，同比分别增长 20.44% 和 19.35%（见图 2–5），占中国商品期货市场的比重分别为 37.16% 和 50.92%（见表 2–10）。其中，成交额创历史新高；成交量扭转了连续两年下降的趋势，并创下历史第二高点。

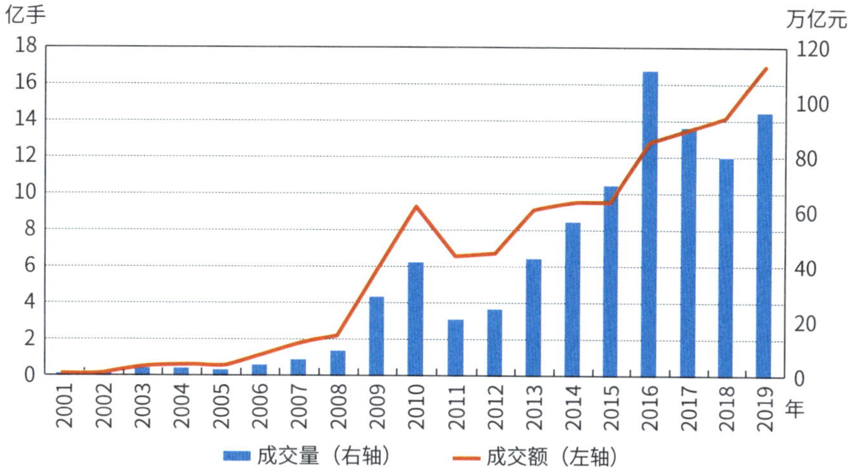

数据来源：中国期货业协会。

图 2-5 2001—2019 年上海商品期货市场成交量和成交额

2019 年，上海商品期货市场继续在全球期货市场中占重要地位。根据美国期货业协会（FIA）统计的 2019 年成交量数据，若按场内衍生品成交手数计算，上海期货交易所成交量位列全球第 10 位，与 2018 年持平；若仅按场内商品衍生品的成交手数计算，上海期货交易所成交量排名为全球第 1 位，与 2018 年持平。

表 2-10 2019 年上海商品期货市场交易情况

单位：手、%、亿元

分类	品种	成交量		同比	全国占比	成交金额		同比	全国占比
		当年累计	上年同期累计			当年累计	上年同期累计		
有色金属	铜	36 520 132	51 248 700	−28.74	0.94	87 250.76	129 771.94	−32.77	3.95
	铜期权	4 197 483	1 263 180	232.29	0.11	113.55	88.61	28.14	0.01
	铝	32 757 569	46 618 361	−29.73	0.84	22 746.05	33 556.71	−32.22	1.03
	锌	71 066 468	92 348 782	−23.05	1.82	72 001.40	104 116.65	−30.85	3.26
	铅	7 710 171	10 203 832	−24.44	0.20	6 358.73	9 605.47	−33.80	0.29
	锡	3 246 074	2 741 587	18.40	0.08	4 541.48	4 043.73	12.31	0.21
	镍	160 444 120	114 818 738	39.74	4.12	183 878.90	119 696.29	53.62	8.32
贵金属	黄金	46 208 567	16 123 891	186.58	1.19	149 962.34	44 248.00	238.91	6.79
	黄金期权	40 926	0	—	0.00	3.20	0.00	—	0.00
	白银	142 823 743	42 250 568	238.04	3.67	89 385.28	23 232.43	284.74	4.04
黑色金属	螺纹钢	465 171 782	530 976 610	−12.39	11.94	169 469.55	201 709.80	−15.98	7.67
	线材	174 118	157 334	10.67	0.00	68.34	58.04	17.75	0.00
	热轧卷板	70 411 675	86 816 386	−18.90	1.81	25 440.30	33 055.64	−23.04	1.15
	不锈钢	590 753	0	—	0.02	439.38	0.00	—	0.02

续表

分类	品种	成交量		同比	全国占比	成交金额		同比	全国占比
		当年累计	上年同期累计			当年累计	上年同期累计		
能源化工	天然橡胶	53 850 389	61 845 475	-12.93	1.38	64 482.89	73 625.11	-12.42	2.92
	天胶期权	822 063	0	—	0.02	22.38	0.00	—	0.00
	纸浆	36 345 367	8 975 314	304.95	0.93	17 867.81	4 606.30	287.90	0.81
	燃料油	176 719 415	39 268 835	350.02	4.54	42 709.89	12 048.20	254.49	1.93
	石油沥青	102 908 784	69 802 079	47.43	2.64	32 733.31	21 963.91	49.03	1.48
	原油	34 644 385	26 509 423	30.69	0.89	154 760.15	127 383.47	21.49	7.00
	20 号胶	943 070	0	—	0.02	997.30	0.00	—	0.05
	合计	1 447 597 054	1 201 969 095	20.44	37.16	1 125 233	942 810	19.35	50.92

注：1. 原油期货和 20 号胶期货在上海期货交易所全资子公司上海国际能源交易中心挂牌交易。
2. “全国占比”中的总量是指全国商品期货市场相应品种的合计数。
数据来源：上海期货交易所、中国期货业协会。

2. 金融期货市场

2019 年，中国金融期货交易所产品累计成交量为 0.66 亿手，同比增长 144.07%，占全国期货市场成交量的 1.68%；累计成交额为 69.62 万亿元，同比增长 166.52%，占全国期货市场成交额的 23.96%。截至 2019 年末，金融期货市场开户数达到 42 万户。

国债期货市场运行平稳，成交持仓增加，期现价格联动性良好，交割平稳顺畅进行（见图 2–6）。2019 年，2 年期、5 年期和 10 年期三个国债期货产品累计成交 1 303.21 万手、14.82 万亿元，同比分别增长 16.62%、40.28%；日均成交量、日均持仓量分别为 5.34 万手、10.31 万手，同比分别增长 19.45%、30.22%；日均成交持仓比为 0.52，相对稳定。国债期货三个产品期现货价格相关性高，2 年期、5 年期、10 年期国债期货主力合约与现货价格相关性分别达到 97%、99% 和 99% 以上。全年国债期货顺利完成 12 个合约的交割，总交割 7 904 手，平均交割率为 6.77%，交割平稳顺畅。

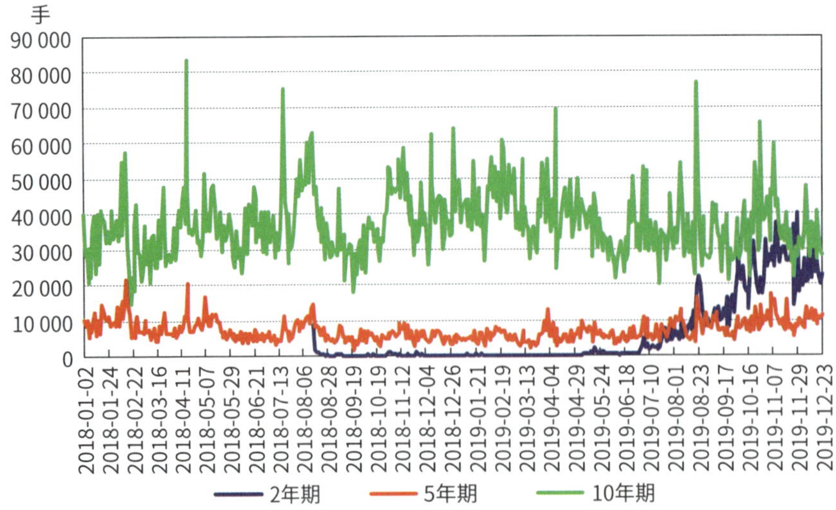

数据来源：中国金融期货交易所。

图 2–6　2018—2019 年国债期货每日成交量

股指期货市场运行总体平稳，成交量、持仓量较2018年均有所增加，期现货价格相关性高（见图2–7）。2019年，沪深300、上证50、中证500三个股指期货产品累计成交5 325.13万手、54.80万亿元，同比分别增长225.81%、248.17%；日均成交量、日均持仓量分别为21.82万手、29.34万手，同比分别增长224.47%、146.50%；日均成交持仓比为0.75，持续处在较低水平。股指期货三个产品期现货价格相关性高，沪深300、上证50和中证500股指期货主力合约收盘价与对应标的指数收盘价的价格相关系数分别为99.86%、99.86%和99.67%。

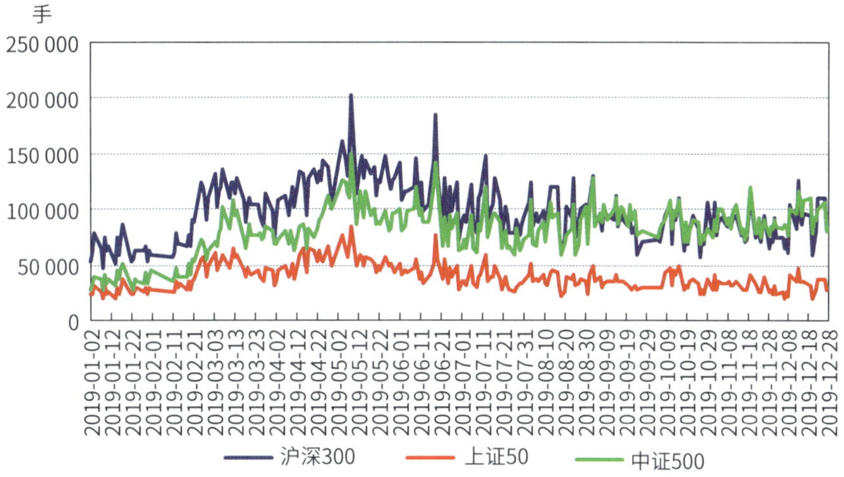

数据来源：中国金融期货交易所。

图2–7　2019年股指期货每日成交量

（七）金融衍生品市场

2019年，银行间利率衍生品市场的广度和深度均有所上升。从市场广度看，随着利率市场化进程的推进和新LPR形成机制的推出，银行间市场基于LPR基准的产品应时而出。加上此前推出的FDR系列互换产品，利率互换市场已经覆盖了全市场各层次定价基准利率。从市场深度看，随着债市开放力度加大，投资者结构越发丰富，固定收益市场波动率有所上升。基于套保动机、套利动机的各类投资者极大地丰富了互换市场深度。

全年利率衍生品市场成交18.6万亿元，同比下降13.4%。其中，普通利率互换成交18.2万亿元，标准债券远期成交4 368亿元，标准债券远期业务流动性不断提高。普通利率互换中，从期限结构看，1年及以下品种成交占比为61.3%，较上年下降约9个百分点；1~5年品种成交占比为13.5%，较上年下降约1个百分点；5年及以上品种成交占比为25.1%，较上年上升约10个百分点。从参考利率看，以FR007为浮动端参考利率的交易占比为71.84%，以Shibor为浮动端参考利率的交易占比为26.75%，以其他利率为浮动端参考利率的交易占比为1.41%，占比结构与上年接近。

2019年，中国外汇交易中心新增新西兰元和新加坡元外币拆借及外币回购交易，推出外币对期权交易，发布境内银银间美元拆借加权成交利率，引入首批FT账户参与银行间外币对交易，推出线上外币同业存款业务和以上海清算所托管的境内债券为抵押物的外币回购业务。4月16日，外币拆借单日交易量突破600亿美元；7月23日，以境外外币债为抵押品的外币回购累计交易量突破400亿美元。全年外币对市场交易量增长明显，外币对即期共成交11 739.9亿元，同比增长74.5%；外币对掉期共成交20 676.1亿元，同比增长超过3倍；外币对货币掉期共成交7.8亿元，同比增长超过13倍。银行间外汇即期成交8.1万亿美元，同比增长4.8%。银行间汇率衍生品成交17.4万亿美元，同比增长0.4%，其中：远期成交824.5亿美元，同比下降13.5%，掉期成交16.7万亿美元，同比增长0.8%，货币掉期成交513.4亿美元，同比下降22.0%，期权成交5 813.3亿美元，同比下降4.9%。

期权市场平稳有序。2019年，股票期权累计挂牌交易合约数为724个，累计合约成交量6.23亿张，日均成交255.25万张，同比增长96.15%。日均持仓343.41万张，同比增长88.93%。日均权利金成交13.89亿元，同比增长87.7%。日均成交面值733.67亿元，同比增长113.39%。上证50ETF期权已经成为全球主要ETF期权品种之一。投资者开户数稳步增长。2019年末，期权投资者账户总数达41.38万户，比2018年末增长34.23%。

（八）清算市场

2019年，上海清算所清算业务总量363.0万亿元，同比增长3.9%（见图2–8）。办理债券发行登记3.5万只、面额25.2万亿元，同比分别增长6.6%、减少6.0%。2019年末，债券托管2.7万只、托管余额22.3万亿元，同比分别增长13.7%、12.8%。

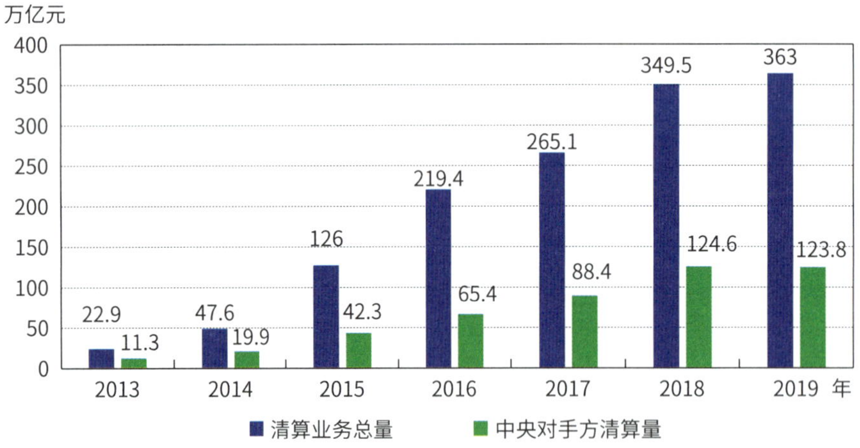

数据来源：上海清算所。

图2–8　2013—2019年上海清算所清算业务发展概况

清算业务维持稳定发展。全年，中央对手清算量达到123.8万亿元（详见表2–11），同比减少0.7%；非中央对手清算量为239.2万亿元，同比增长6.4%。

表 2-11　2019 年各市场中央对手方清算量

单位：亿元、%

项目	2019 年	2018 年	同比
利率衍生品市场	183 311.24	212 495.28	-13.7
外汇及汇率衍生品市场	880 195.24	827 518.47	6.4
信用衍生品市场	0.00	3.20	-100.0
大宗商品衍生品市场	79.56	517.01	-84.6
债券市场	174 359.94	205 785.82	-15.3

数据来源：上海清算所。

登记托管余额规模持续扩大。2019 年，上海清算所各类债券发行面额占全市场债券发行总量的 56.6%，占银行间市场发行总量的 62.2%。截至年末，上海清算所各类债券托管余额占全市场债券托管总量的 22.8%，占银行间市场托管总量的 25.6%。上海清算所托管债券中，同业存单、中期票据和非公开定向债务融资工具为托管量排名前三的券种，托管余额分别为 10.7 万亿元、6.4 万亿元和 2.1 万亿元，分别占上海清算所债券总托管余额的 48.0%、27.6% 和 9.3%。

市场参与者数量快速增加。截至 2019 年末，上海清算所共服务清算会员 90 家，其中，综合清算会员 12 家、普通清算会员 78 家；服务债券发行人 5 723 家、投资者 24 042 家，同比分别增长 8.5%、22.3%，债券投资者主要包括非法人类产品 20 029 家、存款类金融机构 1 813 家、境外机构 1 043 家、非银金融机构 556 家。

（九）银行卡

2019 年，中国银联银行卡交易清算网络已延伸至全球 177 个国家和地区，跨机构交易金额已达 189.4 万亿元，位居全球银行卡品牌前列。境外累计受理商户超过 2 800 万户，较上年增长 8.5%；境外可受理银联卡 ATM 终端累计超 175 万台。银联卡在多个海外市场的受理覆盖率持续提升，蒙古国、古巴、阿联酋以及中国香港、中国澳门基本实现银联卡全面受理。同时，银联推动境外本地化发展，境外市场累计发行银联卡突破 1.2 亿张，超过美国运通、日本 JCB 在其境外的发卡量，全年外卡交易量突破 1 万亿元。其中，“一带一路”沿线 110 个国家和地区开通银联卡业务，累计发行超过 8 500 万张银联卡，覆盖超过 1 200 万家商户、80 万台 ATM。

全国银行卡支付规模继续扩大，上海作为全球重要的银行卡交易清算中心的地位进一步巩固。截至 2019 年末，全国银行卡累计在用发卡数量 84.19 亿张，同比增长 10.8%（见图 2-9）。其中，借记卡发卡量 76.73 亿张，同比增长 11.0%；信用卡发卡量 7.46 亿张，同比增长 8.8%。2019 年，中国银联转接清算系统银行卡交易规模继续快速增长，且受国内支付机构完成断直连及大量小额、高频交易接入银联系统的影响，交易规模增速明显提升，全年银联网络共处理业务 1 477.9 亿笔、189.4 万亿元，同比分别增长 232.9% 和 54.3%。随着消费支付习惯的变化，银行卡跨行交易结构从线下 ATM 和 POS 终端渠道逐渐向网上渠道迁移。ATM 和 POS 终端渠道的银行卡跨行交易占比进一步下降，前者笔数和金额占比分别降至4.0%和2.3%，后者笔数和金额占比分别降为37.4%和33.4%；包括网上渠道在内的其他渠道的银行卡跨行交易笔数和金额占比进一步提升至51.0%和55.2%。全年，中国银联共处理上海地区交易41.3亿笔和9.6万亿元，在全国各地区总量中的占比分别为10.5%和8.3%。上海地区单月人均银行卡跨行交易14.2笔、32 873元，显著高于2.3笔、6 893元的全国水平。

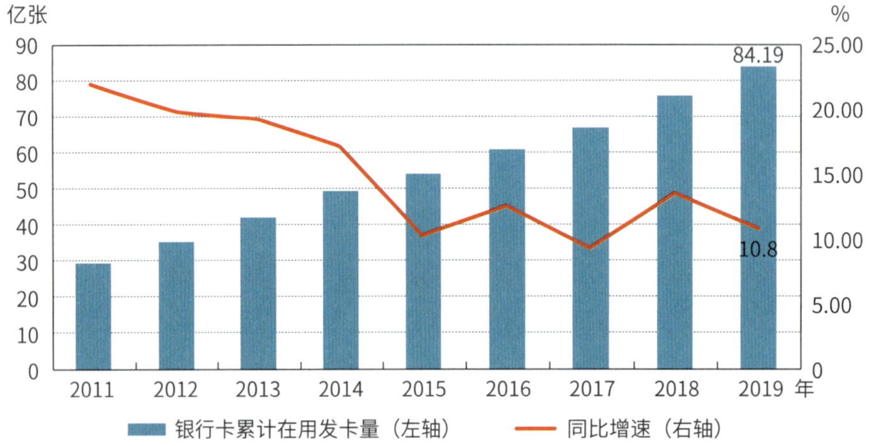

数据来源：中国人民银行2011—2019年支付体系运行总体情况。

图2–9 2011—2019年国内银行卡累计在用发卡量及增速

银行卡支付环境不断完善，持续向移动化、智能化迁移。2019年，全国联网POS终端商户、联网POS终端分别减少370.1万户、325.5万台，年末全国共有联网受理商户2 362.9万户、联网POS终端3 089.3万台，同比分别减少13.5%、9.5%。随着商业银行智能网点建设和智能设备布局的不断探索和优化，2019年末全国联网ATM终端109.8万台，同比下降4.8%。上海地区银行卡受理环境方面，截至2019年末，全市银行卡受理商户达58.7万户。其中，2019年12月移动支付活动商户45.1万户，同比增长103%。中国银联联合各商业银行、非银行支付机构等合作伙伴，推进上海银行卡产业创新、普惠金融和便民服务，初步建成"移动支付便民工程"示范城市，在智慧出行、政务、医疗、校园、民生、商业、旅游、展会等多领域全面展现上海便民支付场景建设成果。

四、金融创新和对外开放

（一）金融业的创新和对外开放

1. 银行业保险业

2019年，上海银行业保险业金融机构共完成755项创新成果。其中，涉及金融科技的创新成果314项，占比最高，达到41.6%；服务民生领域紧随其后，合计169个，占比22.4%；支持重点发展领域实体经济的成果164个，占比21.7%；提升上海城市能级和核心竞争力的成果107个，占比14.2%。

金融科技是银行业保险业创新的主要领域。人工智能、大数据、云计算、区块链、生物识别等一系列前沿技术在银行业保险业广泛运用，推动其业务创新转型发展，也催生出开放银行、互联网保险等新业态。金融科技既为业务赋能，融合便捷性和安全性，提升服务体验，也为合规管理、流程优化、系统基础设施建设提供支持和保障。

提升普惠金融服务质效。构建大都市型普惠金融上海模式，升级银税服务平台，共享数据从25项扩大到70项，推动全国首个省级大数据普惠金融应用平台上线，启动“百行进万企”活动，精准服务民营和小微企业融资需求。截至2019年末，上海小微贷款余额1.34万亿元，其中中资法人银行单户授信总额1 000万元（含）以下小微企业贷款余额634.65亿元，较年初增长31.99%；小微企业贷款户数37 505户，较年初增加16 939户。鼓励个人税延型商业养老保险、住房反向抵押养老保险、长护险试点，深化医保个人账户购买商业健康保险试点，累计覆盖18万人。深化全流程消保体系建设，创新“诉调对接”模式，优化金融纠纷多元化解机制。

深化自贸区金融开放创新。支持自贸区临港新片区建设，充分运用自贸区创新监管互动机制，鼓励银行保险机构开展各类金融服务创新，落地创新项目42项，融资授信超1 100亿元。推动11条金融业对外开放措施率先在上海落地，年内批复6家自贸新片区分行升格开业，批准保险分支机构备案管理。推动上海首台（套）重大技术装备保险补偿机制试点。2019年，保险业通过“科技贷”“微贷通”累计服务2 532家科技型中小微企业。承保上海科技型中小微企业专利3 775件。截至2019年末，上海外资银行营业性机构总数达229家，较2001年末加入世贸组织初期的52家翻了两番，新设2家外资银行分行，首家外国控股理财公司——汇华理财获批筹建。上海共有外资保险法人公司31家，数量位居全国之首。国内首家外资保险控股公司——安联（中国）保险控股有限公司在沪开业，安盛天平财产保险公司由合资变更为外商独资，工银安盛与交银康联两家合资人身险公司设立的资产管理子公司在沪开业。

2. 证券期货业

上海证券公司主动对接创新驱动发展、上海科创中心建设、可持续发展等国家战略，为科技创新企业、中小微企业和绿色产业提供高效的金融服务。2019年，累计完成2个“双创”债项目，金额5.2亿元；承销（分销）绿色债券51只，金额675.5亿元。国泰君安针对红狮集团创设的信用保护合约成为市场首单信用保护工具。上海证券公司通过开发多样化和差异化的金融产品、金融工具，推进大数据、人工智能等互联网金融服务创新方式，扩大服务供给，提高服务质量，提升服务能级，为长三角区域企业提供高效便捷的投融资渠道。

上海证券基金经营机构积极参与基金产品和投资者服务创新，服务实体经济发展。截至2019年末，45只参与化解民营上市公司流动性风险的纾困基金成立，支持具有发展前景的民营企业长期、健康、稳定发展；17家基金管理公司发行了22只养老目标基金；2家基金管理公司参与首批发行科创板基金；4家基金管理公司参与首批发行浮动净值货币型基金；6家基金管理公司获准发行首批浮动管理费基金；2家机构获得公募基金投资顾问业务试点资格；多家基金管理公司参与中日ETF、商品ETF和上海金ETF产品的申报与发行工作。

上海期货公司开发产业客户，并通过风险管理子公司持续深化仓单业务、基差交易、合作套保、场外期权等业务模式，为实体企业提供风险管理服务。开展扶贫助农，拓展“保险+期货”险种及业务环节，并通过结对帮扶、直接捐赠等多种方式加大扶贫力度，做好服务“三农”工作。2019年，16家期货公司共开展104单“保险+期货”业务，其中完成赔付85单，赔付金额1.06亿元。上海期货公司做好20号胶、沪深300股指期权等新品种的上市准备和后续服务工作。

截至2019年末，上海共有合资证券公司8家，占全国的53%；合资基金管理公司23家，占全国的51%；外资代表处39家（包括1家境外证券期货交易所驻沪代表处），占全国的41%。此外，22家登记为内地合格的外商独资私募证券投资基金管理人（WOFE）落户上海。

多家企业和机构赴海外融资和开展国际化经营。国泰君安、海通证券、光大证券、东方证券、申万宏源集团（申万宏源证券母公司）5家证券公司实现A+H股上市；部分证券公司通过已发行或拟发行境外债券不断增强资本实力。5家证券公司、9家基金管理公司、5家期货公司在我国香港地区设立子公司，1家期货公司在新加坡设立子公司并开展业务；9家基金管理公司香港子公司管理产品47只，管理规模239.16亿元，管理RQFII产品13只，管理规模29.10亿元；5家基金管理公司香港子公司开展投顾业务，产品数量17单，规模90.11亿元。国泰君安、海通证券2家公司获准试点开展跨境业务。多家基金管理公司开展基金互认业务，9家公司17只基金产品在香港销售，在港累计保有金额2.44亿元；5家公司获得香港基金内地销售代理资格，累计代销10只基金产品，在内地累计保有金额162.91亿元。

（二）金融市场的创新和对外开放

1. 货币市场

2019年，新本币平台现券（一期）顺利上线，系统处理能力大幅提升。匿名点击处理能力提升500倍，做市报价处理能力提升200倍，接口承载能力提升100倍；用户体验和便利性大幅优化。匿名拍卖专场、利率互换CCP实时承接、CDS指数双向报价等功能上线后运行平稳。

票据市场创新产品不断推出。一是推出“票付通”业务，将票据支付嵌入线上平台的业务环节，以B2B平台在线支付场景为依托，为企业提供安全、便捷、高效的线上账期支付工具。截至2019年末，7家试点机构携手23家平台，累计签约企业802户，发起7 462笔票据支付业务，金额合计68.66亿元。二是推出“贴现通”业务，2019年5月上线，为企业和金融机构提供一个全国性的贴现服务平台。截至2019年末，5家票据经纪试点银行共计为2 720家贴现申请企业提供票据经纪服务，接受委托票据6 653张，票面金额合计98.19亿元，其中5 130张票据通过“贴现通”业务系统达成贴现意向，票面金额合计74.92亿元。三是推出标准化票据。票交所于2019年8月开始创设标准化票据，共成功创设4期产品，总金额约14亿元。四是发布城商银票转贴现收益率曲线。继2018年发布首条票据收益率曲线——国股银票转贴现收益率曲线后，票交所于2019年12月正式发布城商银票转贴现收益率曲线，进一步扩大票据收益率曲线信用主体的覆盖面，使转贴现市场90%以上的票据获得估值定价参考。

2. 债券市场

银行间市场试点推出旗舰店模式，发挥做市机构报价优势；完成国开债做市支持系统准备和市场动员，为做市机构提供更多存货管理工具。实现回购违约质押券的快速处置。自回购违约担保品匿名拍卖业务推出以来，成功组织12场拍卖、处置20多亿元质押券，有效防范了局部信用风险向全市场蔓延传染，实现包商银行事件后集中爆发的回购违约风险“软着陆”。

债券市场进一步扩大对外开放。一是债券市场对外开放制度逐渐完善。熊猫债发行指引细则落地，发行制度进一步完善。二是允许外资机构在华开展信用评级业务时，可以对银行间债券市场和交易所债券市场的所有种类债券评级；允许外资机构获得银行间债券市场A类主承销牌照。三是实现首单境外机构使用债券冲抵期货保证金。中央结算公司与中国金融期货交易所共同支持首单境外投资者使用债券作为期货保证金业务落地实施。四是首单上海自贸试验区境外人民币企业债券发行。2019年11月，南京东南国资集团成功发行10亿元首单上海自贸试验区境外人民币企业债券，并成功在中华（澳门）金融资产交易股份有限公司（MOX）挂牌。五是国际合作推动人民币担保品在境外市场的使用。中央结算公司推动“人民币债券成为英国市场普遍接纳的合格担保品”纳入第十次中英经济财金对话的重要政策成果。

境外机构投资银行间债券市场便利度持续提升。一是境外机构参与银行间债券市场的渠道进一步拓宽。2019年2月，外汇交易中心与彭博公司达成合作，实现彭博终端与本币交易系统的互联互通，支持境外机构通过彭博终端以结算代理模式（CIBM）或债券通模式与对手方开展交易。二是银行间债券投资不同渠道的互转。中国人民银行及国家外汇管理局正式发布《关于进一步便利境外机构投资者投资银行间债券市场有关事项的通知》，实现QFII/RQFII和CIBM全球通在银行间债券市场投资方面的互转。三是债券通下交易功能不断完善。7月，债券通新增13家报价机构，报价机构总数达47家；外汇交易中心与Tradeweb、彭博合作推出指示性报价功能；8月，延长结算周期至T+3，进一步便利境外投资者交易结算；9月，提供全量债券通指示性报价行情，推动市场透明度和境外投资者价格发现能力提升；12月，推出一揽子交易功能，为境外投资者追踪指数投资提供便利。四是同业存单实现直接对债券通投资者一级发行，丰富了境外机构投资渠道，提高了境外机构参与同业存单一级市场的便利性。截至年末，共4家机构发行债券通投资者可直接认购的同业存单，涉及54亿元、13期，参与投资人共15家。

交易所债券市场服务实体经济的空间持续拓展。信用债发行扶优限劣取得实效，通过深化分类分层管理，限制过度融资、高杠杆、房企等尾部企业债务规模，优质企业发行占比继续提高。加大对区域金融生态建设、民营企业、基建补短板项目等的发债融资服务力度，多维度支持民营企业发债融资1 980亿元。推动产品创新，全年发行绿色债、“双创”债等公司债及ABS创新品种3 715亿元。推进公募REITs试点，稳妥推进发行ABS。有序开展地方债常态化发行，推动和引导长期地方债发行，加快推出地方债ETF，持续推动政策性金融债券发行。全面优化债券交易机制，加快发展债券借贷业务。吸引商业银行开户进入债券二级市场，推动银行间与交易所债券市场互联互通。推动境外机构直接投资交易所市场，扩展绿色债券信息合作范围。

专栏 3　回购违约担保品处置机制推出

2019 年 5 月包商银行事件后，货币市场风险偏好有所收紧，金融机构普遍提高了风控标准。交易对手方限制、担保品要求提升等因素一定程度上影响了回购市场的融资功能。部分非银行类金融机构及其资管产品（如券商资管计划、基金专户等）持有的信用债较多，而个别信用债存在潜在违约风险，因此回购融资难度增大，违约事件增多。由于被违约方追偿资金难度较大，市场对快速处置担保品需求迫切，担保品处置渠道不畅的问题凸显。

为健全债券市场风险处置，维护处置各方的合法权益，2019 年 6 月中旬，人民银行发布《中国人民银行金融市场司关于依法做好债券回购违约处置有关工作的通知》，相关金融基础设施也分别出台实施细则，明确在正回购方到期违约时，逆回购方通过拍卖、协议折价、变卖等方式处置债券以快速完成回购违约的处置工作。

根据上述通知，外汇交易中心在债券匿名拍卖机制的基础上向市场推出回购违约担保品处置机制。债券回购守约方可向外汇交易中心申请处置违约交易的质押券。外汇交易中心根据被违约方提出的业务诉求，及时组织市场机构通过匿名拍卖方式对回购违约债券进行拍卖，拍卖所得款可直接用于守约方受偿。

2019 年 6 月以来，外汇交易中心共收到超过 60 单拍卖申请，先后组织开展了 14 场、16 轮次回购违约处置匿名拍卖，为近百笔质押式回购交易的守约方挽回损失。在此基础上，外汇交易中心建立了市场化违约处置长效机制，对促进市场诚信守约和担保品精细化管理都具有积极意义。

下一步，外汇交易中心将继续加强对回购违约交易的跟踪监测，不断完善协商机制并加强与回购违约处置流程的衔接，保障守约方权益，提高违约处置效率。同时，外汇交易中心还将考虑增加回购匿名拍卖场次安排，优化处置流程，加强与托管登记机构衔接，进一步提高回购违约债券匿名拍卖效率。

3. 股票市场

设立科创板并试点注册制平稳落地。2019 年 6 月 13 日，科创板正式开板。7 月 22 日，首批 25 家公司集中上市交易。科创板开市以来，市场运行基本平稳，符合预期。注册制试点平稳有序，改革紧紧抓住信息披露这个核心，推动发行人、中介机构、交易所归位尽责，审核注册各环节公开透明，实际效果基本得到了市场认可。全年共有 206 家企业提交科创板发行上市申请，受理 205 家、问询 181 家、审结 138 家、上市 70 家，募集资金 824 亿元。

进一步扩展互联互通机制。沪伦通西向业务开通。2019 年 6 月 17 日，华泰证券股份有限公司发行的全球存托凭证（GDR）在伦敦证券交易所挂牌交易，这是沪伦通下首只全球存托凭证。中日 ETF 互通落地。在首届“中日资本市场论坛”上，上交所与日本交易所集团（以下简称日交所）签署 ETF 互通协议。6 月 25 日，上交所推出首批 4 只中日 ETF 互通产品，分别跟踪日本股票市场日经 225 指数和东证指数，初始募集规模 15.21 亿元人民币；

当日，日交所也推出4只中日ETF互通产品。优化沪港通机制，明确不同投票权架构公司股票首次纳入港股通股票条件，并纳入首批不同投票权架构公司股票。推出长三角一体化ETF、“一带一路”ETF、央企创新驱动ETF等服务国家战略、促进实体经济转型升级的基金产品，引导资源有效配置，助推实体经济高质量发展。

稳步推进资本市场与国际接轨。一是推动A股纳入国际三大新兴市场指数标的。MSCI于2019年5月、8月和11月分三步将A股纳入比例从2018年底的5%逐步提升至20%，并将中盘股纳入。2019年6月，富时罗素首次将包括大、中、小盘股在内的部分A股以5%纳入因子纳入其全球股票指数体系，同年9月将纳入因子由5%提升至15%。2019年9月，标普道琼斯将A股以25%纳入因子纳入标普新兴市场全球基准指数。二是支持和服务“一带一路”建设。推进“一带一路”交易所联合会筹备。三是深化与其他交易所合作。上交所与卢森堡证券交易所签署绿色债券“信息通”合作协议补充协议，正式启动绿色债券东向展示。截至2019年末，有23只上交所挂牌绿色债券在“信息通”上西向展示，总金额308.4亿元。与51家境外交易所开展合作。四是提升国际影响力。举办国际投资者会议，这是中国A股市场首次由交易所主办的国际投资者大会。

专栏4　设立科创板并试点注册制平稳落地

设立科创板并试点注册制是习近平总书记亲自宣布、亲自关心、亲自推动的重大改革任务。为落实这一重大任务，上海证券交易所在中国证监会的领导下，在上海市政府的支持下，全力推进科创板建设和注册制试点的筹备工作。2019年6月13日，在陆家嘴论坛开幕式上，国务院副总理刘鹤、上海市市委书记李强、证监会主席易会满和上海市市长应勇共同为科创板开板揭牌。2019年7月22日，科创板开市，25家公司集中上市交易。全年共有206家企业提交科创板发行上市申请，受理205家、问询181家、审结138家、上市70家，募集资金824亿元。已上市的70家公司累计成交额达到1.33万亿元，其中95.7%的公司股价上涨，较发行价平均涨幅为82.39%。在上海的科创板上市公司13家，全国占比为19%，位居各省区市首位；总市值2 418亿元，全国占比为28%；共募集资金154亿元，全国占比为19%。总体而言，开市以来科创板运行平稳，符合预期，开局良好。

科创板改革是资本市场的里程碑事件，是科技创新领域的历史性突破。作为资本市场改革的“试验田”，科创板在发行、定价等一系列关键制度上进行了市场化改革的突破，为存量市场的改革积累了丰富的经验，对探索整个资本市场的改革创新发展具有重要的意义。一是增强资本市场包容性。针对科创企业设置多元包容的发行上市条件，允许未盈利企业、红筹企业和特殊股权结构企业上市。二是建立以信息披露为核心的发行上市审核制度。以公开化问询式审核为主要方法，着力提高审核透明度和可预期性。三是构建市场化发行承销机制。新股发行定价、规模和节奏由市场化方式决定。提高网下发行数量占比和持有市值门槛，充分发挥专业机构作用，提升报价专业性、合理性。试行“保荐＋跟投”制度，要求保荐机构子公司以发行价购买一定比例股份并锁定一段时间，形成利益约束和声誉约束，促进合理定价。四是创新交易机制。上市前5日不设涨跌幅限制，上市首日即纳入融资融券标的，引入有效申报价格范围和市价订单的限价保护等交易机制创新。建立投资者适当性制度，设置50万元资金和24个月投资经验的门槛要求。五是建立以信息披露为核心的持续监管制度。并购重组和再融资实施注册制。构建更加市场化的股权激励制度。严格退市，完善市场指标，取消暂停上市环节，压缩退市时间。

科创板立足上海、辐射全国、影响世界，是上海打造国际金融中心和科创中心的重要结合点。从目前的总体情况来看，成效初显。一是科创板支持服务科技创新的引领和集聚效应正在发挥。立足科创企业特点，设置了以“市值”为核心的多套上市标准，针对一般企业、红筹企业、特殊股权结构企业，分别制定了11套上市“套餐”供企业自主选择，较好地满足了不同类型科创企业的发行上市需求，解决了用一个模子衡量所有企业的不足。二是科创板市场运行平稳，整体维持良好的市场秩序。科创板经历了开市初期热度较高持续上行、之后逐渐回归理性的过程，日均换手率由初期的20%~40%平稳下降至5%~8%，个股波动在预期合理范围内。三是促进现有市场发行审核等关键制度的完善。伴随着科创板一系列制度创新，多层次资本市场改革进一步深化推进，现有市场发行审核制度也得以改革完善。

专栏5　沪伦通西向业务开通

2019年6月17日，在中英两国政府高层的见证下，沪伦通全球存托凭证（Global Depository Receipts，GDR）西向业务在伦敦证券交易所正式开通。

2015年9月，第七次中英经济财金对话就金融领域达成政策成果，提出支持上海证券交易所和伦敦证券交易所就互联互通问题开展可行性研究，以加强两地资本市场长期合作。在综合分析沪伦两地资本市场开放程度、市场机制、监管安排等客观差异的基础上，上交所与伦交所选择以存托凭证（DR）交叉挂牌模式，通过存托凭证与基础证券之间的跨境转换机制安排，实现两地市场的互联互通。具体制度安排主要体现在三个方面。一是双向发行可转换的存托凭证。沪伦通包括东（CDR）、西（GDR）两个业务方向；DR和基础股票之间可按国际通行做法由市场机构进行相互转换，无须大幅调整现有市场基础设施；优选投资标的，试点初期要求DR发行人均需为市值高于200亿元人民币的沪伦交易所主板上市公司。二是沪伦通项下DR发行上市交易适用本地法律制度，境外基础证券适用境外法律制度，减少制度差异协调成本和发行人合规成本；中英两地监管机构还签署了《沪伦通跨境监管合作备忘录》，就沪伦通跨境证券监管执法开展合作。

三是对跨境交易风险制定针对性安排。试点初期明确上交所公司可在伦敦市场融资，伦交所公司暂不可在上海市场融资；对沪伦通跨境资金采取总额度管理；加强投资者适当性管理，设置较高的准入门槛，提高风险承受能力，控制风险波及范围。经过近四年的筹备，首只 GDR 在第十次中英经济财金对话期间上市交易。

华泰证券发行首单 GDR，发行规模达到 8 251.5 万份 GDR，对应 A 股 8.2515 亿股，募集资金总额达 16.9 亿美元，是伦交所自 2012 年以来最大的 GDR 发行，也是过去两年中资金融机构最大的跨境融资。自上市以来，在所有亚洲企业于伦交所发行的证券（包括股票、债券及 GDR 等）中，华泰证券 GDR 的累计成交额排名第二。依据沪伦通规则，自 2019 年 10 月 18 日起，华泰证券 GDR 进入 GDR 与 A 股跨境转换新阶段，GDR 与 A 股之间转换顺畅，价差高度收敛，股价联动性强，充分体现了转换机制市场化、高效化的特点，消除了境外投资者疑虑，为后续 GDR 发行奠定了良好市场基础。

沪伦通是我国资本市场与境外发达资本市场之间互联互通机制的又一全新示范性尝试。第一，通过沪伦通项目，我国已制定形成境外上市公司发行中国存托凭证以及境内上市公司发行全球存托凭证的业务规则及监管要求，颁布了配套的存托凭证跨境资金管理办法，形成会计准则和审计合作模式，这些基础制度可复制推广到境外其他资本市场。第二，沪伦通 GDR 业务的开通将推动境内企业与境外资本市场的对接，有助于中国上市公司信息披露制度与国际接轨，使中国资本市场基础性制度建设及监管制度更加完善和规范；增加了长期低成本资金来源，降低境内企业融资成本，支持实体经济利用资本市场工具实现跨境并购。第三，沪伦通项目对国内券商提供了更多展业机会。符合条件的国内券商将承担做市商的重要角色，既要负责 DR 初期创设，又要不断地进行后续生成与兑回；既突破了直接投资境外市场的限制，又能与境外成熟投行建立长期合作关系；既能巩固其国际经纪业务，又能进一步发展国际自营业务与国际证券咨询业务。

4. 外汇市场

2019 年，CFETS FX2017 完成多次新平台升级，业务功能不断优化，提升交易效率、促进价格发现的优势逐步显现。在询价功能方面，丰富报价档位行情信息，提供灵活的单边询价和向最优价机构询价的快捷功能。在撮合功能方面，增加点击成交订单的滑点机制，提升交易匹配效率；推出止损订单（Stop Order），支持限价订单、市价订单、冰山订单和止损订单一揽子高效的交易策略。在交易管理功能方面，新增支持人民币跨境支付系统（CIPS）清算指令。银行间外汇市场电子化服务平台（iSupport）上线，近百家机构已注册使用。

人民币购售业务范围和市场影响不断扩大。2019 年，银行间外汇市场 41 家境外参加行中有 3 家实现业务集团化管理，在引入更多地区人民币购售需求、提高人民币汇率风险管理效率方面成效显著。人民币购售交易中基于证券投资背景的业务比例大幅提升，进一步助力债券市场和股票市场对外开放。外汇交易中心探索支持金融机构运用自由贸易账户参与银行间外汇市场业务，已有10家机构参与外汇交易中心自贸区外币拆借业务，8家机构参与自贸区外币对业务，累计达成交易近200亿美元，在便利自贸区业务集中管理、防范跨境资金流动风险方面发挥了一定作用。

5. 黄金市场

开展业务创新。一是深化场内产品创新，推出“上海银”集中定价交易业务，优化熊猫金币“易金通”提货物流配送，丰富“上海金”内涵，全面推进“上海金”ETF系列产品的上线。二是拓展场外业务范围，上线白银询价期权产品，推动履约担保产品建设，协助金融机构开发基于“上海金”定价的黄金现货和衍生产品。三是参与国际标准制定，推进国际黄金公斤条标准制定，输出国际黄金质量标准的中国方案。四是推动“上海金”基准价格在国际金融市场的应用，芝加哥商业交易所（CME）上线基于“上海金”基准价的“上海金”期货合约。

推进黄金市场对外开放。启动“一带一路”黄金之路项目，搭建资源配置全球化平台。2019年8月，“一带一路”黄金之路项目首笔“黄金租借＋珠宝加工”业务成品完成交接及复出口流程，上金所国际会员（大华银行与MTS）通过上金所国际板平台开展租借套保业务，并将租借黄金委托首饰加工龙头企业周大福集团加工，成品出口至泰国，实现了600万元黄金首饰的进口、加工、出口全流程业务，标志着黄金之路业务新模式顺利实现。

专栏6　沪纽金业务及“上海银”定价业务推出

2019年，上海黄金交易所践行市场化、国际化战略，不断丰富金融产品体系，推出沪纽金业务和“上海银”定价业务。

一、沪纽金业务

为持续推动境内外黄金市场的合作融通，响应党中央和中国人民银行关于进一步扩大金融市场对外开放的总体部署，上海黄金交易所通过互授价格的形式，联袂芝加哥商业交易所开展沪纽金延期产品的跨市场合作，实现了全球最大的黄金现货市场和黄金期货市场间的深度合作，是国内首个跨境商品现金交割合约，于2019年10月14日正式挂牌。全年，沪纽金延期合约成交量38.02吨，成交额128.48亿元；日均成交量667.07千克，日均成交额2.25亿元。

此次务实合作吸引了国际主流投资者广泛参与双边交易，使境内外黄金市场进一步融合互通，将加速上海、纽约和伦敦黄金市场“三足鼎立”新格局的形成，有效推动中国黄金市场的国际化进程，助力金融开放共赢新局面和上海国际金融中心建设。

上海黄金交易所挂牌沪纽金合约，引入最具代表性和市场流动性的COMEX黄金期货价格，为国内投资者使用人民币间接投资国际黄金市场提供了合法渠道，丰富市场交易策略，能够帮助黄金实体企业有效规避外汇和跨境资本流动等风险，切实服务实体经济。

二、“上海银”定价业务

上海黄金交易所于2019年10月14日正式推出“上海银”集中定价交易业务，打造中国白银市场价格基准，服务产业链上下游企业，进一步提升了我国白银市场的影响力。自9月16日试运营以来，“上海银”定价业务共进行144场287轮交易，平均每场1.99轮，共成交2 504.52吨，成交额105.19亿元，日均成交34.79吨，日均成交额1.46亿元。市场参与主体包括15家会员单位和17家机构客户。

一是服务白银产业链企业，形成国内白银价格信号。我国的白银现货市场过去一直缺乏市场普遍接受和认可的权威定价，国内场外现货贸易多使用华通市场白银价格或上金所延期合约价格进行升贴水定价，跨境贸易大多采用伦敦白银价格。“上海银”基准价格的推出，打破伦敦价格不能代表中国白银市场供求关系，华通白银市场买家名录不公开、不透明的限制。“上海银”的定价成员和提供参考价成员包括银行、产银企业、用银企业和进出口企业，确保以人民币计价的白银基准价格公开透明，能够较为准确地反映国内白银产业链的供需状况，有效便利白银相关实体企业通过套期保值稳定利润和进行成本控制。

二是满足多样化白银投资需求，规范白银市场秩序。过去国内白银市场能够提供白银价格的机构较为分散，白银市场存在客户群体流动性不集中、交易成本较高等问题。通过“上海银”集中定价业务规范白银市场价格体系，有利于白银市场进一步完善，更好地聚集市场流动性，引导场外交易向场内集中的发展趋势，同时便于人民银行对贵金属市场的集中统一监管。

三是加强国内外价格联动，提升白银市场国际影响力。亚洲是全球白银实物的集散地，但白银市场缺乏统一的亚洲时区白银基准价格，目前各国均积极参与到亚洲白银定价权的争夺中。依托我国白银供需大国和完善的上下游白银产业链，推出上海银基准价格，进一步拓展并巩固上金所白银价格的国内市场地位，对国际白银市场定价体系进行重要补充，与伦敦银、纽约银形成“三足鼎立”的局面，并通过后续应用场景的拓展形成国内外价格联动及传导机制，有利于提升中国白银市场在国际白银市场的定价权，延伸其国际影响力。

四是打造“上海金”“上海银”双标杆，助力上海国际金融中心建设。目前，“上海金”基准价的国际影响力已初步显现，应用场景拓展至迪拜等“一带一路”沿线地区。“上海银”定价机制的推出，进一步扩容以“上海价格”为标杆的贵金属定价体系，不断健全完善中国贵金属市场的价格形成机制，并将为白银相关衍生品提供定价基准、促进白银市场产品创新，为市场参与者提供更加丰富的风险管理工具，从而更好地发挥金融市场服务实体经济的功能，助力上海国际金融中心建设和“上海品牌”的打造。

6. 期货市场

商品期货市场加大品种创新力度，全年上市4个品种，包括20号胶、不锈钢期货和天然橡胶、黄金期权。截至2019年末，上海商品期货市场上市品种数量达到21个，其中期货18个、期权3个。原油期货的价格影响力稳步提升，从成交桶数上看，稳居全球前三大原油期货市场。指数方面，上海商品期货市场发布了8个指数，分别是原油、锌、镍、螺纹钢4个期货品种的期货价格指数和超额收益指数。商品期货ETF方面，8月，大成有色金属期货ETF获批，是国内首批获批的3只商品期货ETF之一，于12月在深圳证券交易所上市交易。

上海期货交易所进一步加大“保险＋期货”试点的范围和投入力度，组织开展41个“保险＋期货”试点项目，投入支持资金1.06亿元，挂钩天然橡胶现货产量约10万吨，覆盖海南省、云南省19个贫困区县，其中国家级贫困县14个，实现两省4个县区的现货产量全覆盖。同时，创新“保险＋期货”模式，与海南橡胶集团、云南橡胶集团合作利用场外期权开展产业扶贫试点项目9个，发挥龙头企业产业扶贫的带动和辐射作用。

稳步推进金融衍生品工具供给。2019年12月23日，沪深300股指期权正式上市，这是我国金融期货市场发展的重要创新举措。作为境内首只股指期权品种，沪深300股指期权在产品设计上平衡了市场需求与风险防范的双目标。优化股指期货交易安排。2019年4月22日，中国金融期货交易所将股指期货日内开仓量限制标准调整为单个合约500手，将平今仓手续费标准下降为成交金额的万分之三点四五，将中证500股指期货的保证金标准下调为12%。交易安排调整后，股指期货市场总体运行平稳，投资者交易理性，市场规模有所增加，成交持仓比保持在较低水平，市场流动性有所改善。

启动国债期货做市商业务。2019年5月16日，国债期货做市商业务成功推出，首批8家做市商先后入场开展交易，显著提升了2年期国债期货市场流动性。上线国债期货期转现业务。2019年1月17日，中国金融期货交易所启动国债期货期转现交易。全年，国债期货期转现累计成交39笔，期货端成交量2 940手，涵盖了所有国债期货品种。

2019年，中国金融期货交易所平稳有序推进金融期货市场对外开放，推进巴基斯坦证券交易所及中欧国际交易所国际化项目发展，促进双边市场实质性合作。推动完成巴基斯坦证券交易所ETF产品规则设计并通过巴基斯坦证监会审批。以中巴经济走廊项目为支点提升巴基斯坦证券交易所融资功能，服务中巴经济走廊和“一带一路”建设。支持中欧国际交易所业务发展和创新，持续推动落实第二次中德高级别财金对话政策成果，协助其完成衍生品合约设计并推进相关授权谈判。截至2019年末，中欧国际交易所共有44只现货产品挂牌交易，包括1只股票、16只ETF产品，其余为债券类产品。开业以来，中欧国际交易所总交易金额共计224.72亿元人民币（双边计算），约95.43%的交易金额来自ETF产品，人民币计价产品的交易金额约为3.96亿元人民币。

专栏7　我国第四个对外开放期货品种——20号胶期货上市

2019年8月12日，20号胶期货在上海国际能源交易中心正式挂牌交易，这是继原油、铁矿石和PTA期货之后，我国第4个对外开放期货品种，也是天然橡胶领域的首个对外开放品种。

上市20号胶期货能进一步完善我国天然橡胶衍生品的产品体系，促进产融结合，助力供给侧结构性改革，也能服务“一带一路”建设，加强我国与东盟国家的战略合作关系。

20号胶期货采用“国际平台、净价交易、保税交割、人民币计价”的模式，既体现了国际惯例，也符合中国期货市场特色，满足了市场的广泛需求。上市以来，20号胶期货与天然橡胶期货、青岛保税区现货以及国际天然橡胶期货合约的价差稳定，与东南亚主产区价格形成良性互动。其中，与天然橡胶期货价格相关系数为 0.983，与青岛保税区现货均价相关系数为 0.757。成交持仓稳定增长，从上市至 2020 年 2 月 28 日，20 号胶期货运行 132 个交易日，成交 152.61 万手和 1 594.47 亿元，日均成交 1.16 万手（折合 11.6 万吨）和 12.08 亿元，日均持仓 3.12 万手，期末持仓 2.98 万手。

期货功能逐渐发挥。20 号胶期货上市后，凭借较好的市场流动性和合理有效的业务规则，较为充分地反映了国内外市场的供需变化，价格有效性得到国内外市场认可，多家企业在国际天然橡胶现货贸易中尝试采用 20 号胶期货价格作为定价基准。

7. 金融衍生品市场

银行间本币市场 X-Trade 系列不断完善，市场份额不断提升。2019 年，X-Swap 占比 60%，X-Repo 占比 10.5%，较上年均有所提升。推出 IRS 实时承接业务，上线以来累计成交 357 亿元。

外汇市场推出外币对期权交易，进一步丰富外币汇率风险管理工具，外币对产品序列已基本完备。继续培育外币货币市场，推出境内银银间美元拆借加权成交利率，引入自贸区 FT 账户外币资产负债管理需求。将衍生品协商交易机制覆盖的产品范围进一步扩展至外汇远期和掉期，支持与 iDeal 和货币经纪服务直连，便利线上货币经纪服务直连。合作引入外汇经纪报价等行情数据，助力交易前端协商和决策。继续做好交易后服务，推出外币利率互换、NDF 及外币对期权交易确认服务，完善同步交收业务加强支付系统连接。

8. 清算业务

联合发布中国首个高等级 CDS 指数。2019 年 12 月，上海清算所联合外汇交易中心和国泰君安证券推出试运行“CFETS-SHCH-GTJA 高等级 CDS 指数”，是我国市场首个 CDS 指数。

发行主题型债券。2019 年 9 月，中国农业发展银行在上海清算所通过中国人民银行债券发行系统，以公开招标方式面向全球投资者同时发行长江大保护主题金融债券，募集资金用于支持保护和修复长江生态环境。发行规模 50 亿元，最终发行利率为 3.02%。11 月，农发行以公开招标方式在上海清算所面向全球投资者发行首只黄河流域生态保护主题金融债券。

创新民营企业债券融资支持工具。2019 年，上海清算所累计为创设的 144 只、204.7 亿元民营企业债券融资支持工具提供了信息披露、正式配售、独立创设与联合创设、集中登记托管、交易后清算结算、存续期监测、估值等多元化全方位服务，为民营企业以市场化发行债券方式缓解融资难问题提供了基础设施支撑。2019 年 10 月，上海清算所“民营企业债券融资支持工具发行创设与清算结算”项目荣获上海金融创新成果奖一等奖。

推动金融市场对外开放。一是推进互联互通。2019 年 3 月，上海清算所与卢森堡证券交易所签署合作协议，为绿色债券发行人提供境内外同步信息披露服务；4 月，推出“债券通”同业存单一级市场发行认购服务，丰富投资人通过基础设施互联互通机制参与银行间债券市场的投资选择；9 月，上海清算所、卢森堡证券交易所、中国建设银行签署合作备忘录，探索诸如跨境债券指数产品开发、抵押品跨境运用、跨境发行上市便利化等多场景的业务创新。二是推动国际业务合作。2019年3月，美国银行上海分行作为上海清算所首家美国在华非法人机构清算会员，将达成的首笔人民币利率互换交易提交清算并处理成功；8月，意大利机构来华发行的首只熊猫债在上海清算所登记托管；11月，与多个机构联合举办“境外投资者参与银行间市场跨境结算研讨会”“建设安全高效的金融基础设施国际研讨会”。三是开展跨境监管认证申请，推进信息披露标准化和高效化。2019年，上海清算所向英格兰银行提交监管认证申请；深化“外滩标准”的应用和指标的完善，并成功入选首批“上海标准”。

9. 银行卡

作为银行业移动支付的统一入口以及连接各方、服务各方的平台工具，云闪付APP已经成为移动支付领域的重要参与方。截至2019年末，云闪付APP累计注册用户2.4亿户，累计绑卡2.7亿张；交易笔数全年同比增长约3倍，达83.8亿笔。云闪付APP在2019年取得多项突破。一是整体规划方面，实现信息架构全面升级和兼容能力有效提高。二是基础支付工具方面，集成了二维码支付、线上支付、手机闪付等多种移动支付工具，强化支付产品创新，并上线“刷脸付”产品。三是开放平台建设方面，接入内容与互通渠道进一步完善。主要银行全面开通账户跨行服务，并接入公交、停车、缴税等各类内容。四是便民生活服务方面，云闪付在商超、便利店、交通出行、校园、菜市场等重点场景实现批量化、标准化接入。在上海地区，云闪付活跃商户、场景应用居于全国前列。云闪付APP的境外应用场景不断丰富，已有超过50个国家和地区、逾380万家商户受理银联移动支付产品。

10. 人民币跨境支付业务

2019年，人民币跨境支付系统（CIPS）累计处理跨境人民币业务188.43万笔，金额33.93万亿元，同比分别增长30.64%和28.28%（见表2-12）；日均处理业务7 537笔，金额1 357亿元。

表2-12 CIPS历年业务情况

年份	工作日（天）	笔数（万笔）	同比增长（%）	金额（万亿元）	同比增长（%）
2015	62	8.67	—	0.48	—
2016	250	63.61	—	4.36	—
2017	249	125.91	97.94	14.55	233.71
2018	252	144.24	14.56	26.45	81.79
2019	250	188.43	30.64	33.93	28.28
合计	1 063	530.86	—	79.77	—

数据来源：CIPS.

全年新增2家金融市场基础设施类直接参与者，分别是网联公司和城银清算公司。截至2019年末，CIPS共有33家直接参与者，其中境外1家（中银香港），境内32家（28家银行、4家金融市场基础设施），境内金融市场基础设施类直接参与者中，上海清算所和城银清算公司均注册在上海。全年新增85家间接参与者。截至2019年末，CIPS共有903家间接参与者，覆盖全球六大洲94个国家和地区。全球已有167个国家和地区的

3 000 余家法人金融机构通过 CIPS 办理跨境人民币业务，CIPS 作为人民币跨境清算“主渠道”的作用日益显现。

2019 年，CIPS 新增清算机构借贷业务功能。同年 3 月 25 日，完成一阶段“直接借记”功能的开发和部署；6 月 25 日，完成二阶段“借记确认”功能技术准备。10 月 9 日，CIPS 为网联和渣打银行开通“直接借记”功能业务权限，清算机构借贷业务（一阶段）正式投产上线；10 月 11 日，首笔境外电子钱包跨境支付业务通过 CIPS 完成资金清算。12 月 16 日，CIPS 为中国银行开通权限，支持澳门地区中银澳门 APP、澳门通 MPAY 跨境支付。

促进金融市场创新和双向开放。一是助力“债券通”。CIPS 作为“债券通”北向通的指定资金结算通道，优先支持开展“债券通”结算业务，已涵盖现券买卖、发行承销、债券回购等业务类型。2019 年，CIPS 通过全面支持同业存单直接对“债券通”投资者一级发行的资金结算，为参与机构提供高效的支付清算服务。截至 2019 年末，CIPS 累计完成“债券通”资金结算 3.7 万笔，金额近 4 万亿元。二是加快系统开发建设。4 月 29 日，兴业银行和浦发银行首次实现同业存单对“债券通”投资者直接一级发行，成功向“债券通”投资者发行 4 笔同业存单，金额合计 13.6 亿元，为境外投资者投资境内金融市场提供便利。5 月 13 日，组织澳新银行完成 CIPS 系统（二期）投产上线。三是加强 CIPS 标准建设。开展 CIPS 报文标准预研，提出更高质量实施自主报文标准的路线图。探索标准落地的市场化手段，为扩大跨境业务市场覆盖率做好前瞻性工作。通过输出标准技术，构筑跨境业务标准行业高地。推广应用法人识别编码（LEI），参与全球法人识别编码基金会（GLEIF）董事会治理。

专栏 8　扩大移动支付服务范围　便利境外人士入境消费

20 世纪，移动支付在中国迅猛发展，逐步取代现金和支票、银行卡等支付工具成为最受欢迎的支付方式。一方面，近年来，各从业机构积极拓展海外市场，将中国先进的移动支付方式带向了境外，在“走出去”方面成效显著。另一方面，为了充分利用境外市场资源，上海总部以第二届中国国际进口博览会为契机，着力推动短期入境境外人士境内移动支付服务工作，为短期入境人士提供境内优质移动支付服务，为上海国际金融中心建设添砖加瓦。

一、对外开放，创新试点成效显著

由于没有中国境内的银行账户，当前境外人士入境旅游主要依靠境外线上支付、境外兑换人民币后境内现金支付，以及境内刷卡和 ATM 取现消费等传统支付手段，无法获得境内便捷的移动支付服务，和国内移动支付高度覆盖的现状不相适应，这已成为入境消费的最大痛点之一。与此同时，作为人民币国际化的基础设施之一，支付已成为重要的金融开放领域。因此，依托境外人士入境支付项目，推行面向全球的移动支付服务产品，有利于树立和巩固人民币国际形象和全球地位，助力上海国际金融中心、科创中心建设，推动上海以更高的站位、更开放的态度、更强大的实力为全球金融机构、企业和个人服务。

2019 年 11 月初，上海银行与支付宝（中国）网络技术有限公司（以下简称支付宝）合作推出移动支付产品“华付通（TourPass）”，率先在上海开展试点为入境游客提供移动支付服务。入境游客通过线上购买上海银行发行的虚拟消费卡，并与其支付宝账户绑定、开通快捷支付，实现在境内支付宝商户的移动支付消费。截至2020年2月29日，该项目成功服务入境游客9.5万名；客户开卡后累计充值26.9万笔，总金额11 460万元，笔均约426元；开卡客户累计消费126.3万笔，总金额10 510.5万元，笔均83元。从国籍来看，客户主要来自亚太地区，以日本、马来西亚为主，分别占总开卡人数的27%和22%，新加坡、韩国、美国、泰国等国家的客户占比也较大；从消费笔数和金额来看，总体呈现小额、高频交易特征；从场景来看，消费主要集中在餐饮、购物、娱乐、交通出行等领域，与入境旅游特征高度契合。

二、再接再厉，继续扩大试点范围

上海总部将继续加强对短期入境移动支付试点工程的组织领导，推动工程后续实施建设，切实防范好工程运行的各项风险；继续组织银联和交通银行、上海浦东发展银行、上海银行、中国建设银行上海市分行积极推动银联模式下的境外人士境内移动支付项目建设工作，并逐步推广至其他有能力有条件的商业银行，通过实体消费卡、线上虚拟消费卡等模式，为境外人士提供高效便捷的移动支付服务。

另外，受新型冠状病毒肺炎疫情影响，境外人士来华暂时受限。上海总部将组织中国银联与商业银行为产品宣传做好前期筹备工作，积极联络境内外媒体推广宣传渠道，组织宣传文案编写，推高境外人士来华消费热情，提升国际社会对我国移动支付发展成效的认可度。

五、政策支持与金融监管

（一）政策支持

促进资本市场支持科创企业发展。2019年7月，上海市政府办公厅印发《关于着力发挥资本市场作用促进本市科创企业高质量发展的实施意见》（以下称“浦江之光”行动）。“浦江之光”行动结合上海科创企业培育实际情况，围绕企业储备、政策扶持、资源集聚、环境建设等方面，加快培育一批代表上海科创实力、体现上海科创潜力的优秀科创企业，集聚一批具有品牌效应的专业中介机构，营造规范、有序、透明、高效、公平、开放的国际一流投融资生态体系。

加强对上海民营企业的金融服务。2019年6月，上海市金融工作局与在沪金融管理部门联合发布《关于贯彻〈中共中央办公厅、国务院办公厅关于加强金融服务民营企业的若干意见〉的实施方案》，推动构建专业、联动、全面的融资支撑体系，促进产业与金融深度融合，加大金融支持民营企业高质量发展的工作力度。

落实简政放权。根据银保监会关于“证照分离”改革的工作部署，上海银保监局向辖内银行保险机构下发《关于在上海自由贸易试验区开展“证照分离”改革全覆盖试点的通知》，优化审批服务，简化审批材料，加强事中事后监管，提高监管效能，激发市场活力。自贸试验区保险支公司市场准入、迁址和退出，由审批改为备案管理。

深化消费者权益保护体系建设。推进金融纠纷多元化解工作和投诉矛盾纠纷调解互联网处理。2019 年，上海银保监局指导上海银行业纠纷调解中心和上海保险合同纠纷人民调解委员会分别完成 2 634 件银行业纠纷案件调解和 1 815 件保险业合同纠纷案件调解，调解成功率分别达 73.7% 和 62.4%。与上海市高院、司法局协同联动，指导银行业纠纷调解中心受理法院委托委派调解 238 件，标的金额约 30.2 亿元。推动中国银保信和辖内保险机构参与“上海市道路交通事故网上处理一体化系统”的开发建设与运营，至 2019 年底系统已供高院查询保单和理赔信息 1 037 件。

专栏 9　上海市大数据普惠金融应用平台建设启动

为贯彻落实国务院关于推进普惠金融发展的总体要求，缓解小微企业、民营企业融资难、融资贵问题，针对当前“信息孤岛”现象突出、银企信息不对称的痛点，2019 年，上海银保监局会同上海市金融工作局、市经济信息化委、市大数据中心等多个部门和单位，启动上海市大数据普惠金融应用平台建设工作。同年 12 月 23 日，平台上线使用，实现当年立项、当年竣工。

一是全程推动参与平台建设。2019 年 2 月以来，上海市先后多次召开市政府专题会，成立推进全市融资服务信用信息开放应用专项工作组，由上海银保监局和上海市地方金融监管局、市经济信息化委、市大数据中心共同参与。专项工作组负责制订开放平台和融资应用功能建设的工作方案和推进计划，落实具体工作举措。上海银保监局参与制定了平台运行所需的授权机制和签约文本，同时组织银行参与平台的开发建设，选择 4 家试点银行（建设银行上海市分行、交通银行上海市分行、浦发银行上海分行、上海银行），沟通协商数据需求、系统搭建渠道、授权模式和数据安全管理等，确保平台的建设符合银行的使用需求。4 家试点银行针对首批开放的数据项开发了“沪惠贷”“数据 e 贷”“浦发数聚贷”“沪信优贷”等创新型信贷产品。这些产品普遍具备线上申请、审核快速、信用贷款比重高、贷款成本优等特点。

二是共享数据精准免费。2018 年初，上海银保监局调研后提出了缓解银企信息不对称的 13 大类 78 大项信息需求，涉及 14 个政府部门和公用事业单位。2018 年 4 月，上海市政府组建上海市大数据中心，构建全市数据资源共享体系，健全以应用为导向的数据按需共享机制，打破“信息孤岛”。在此基础上，首批普惠金融应用试点数据开放选定了银行需求较为迫切的部门共 8 家，包括市科委、人力资源社会保障局、规划资源局、生态环境局、住房城乡建设委、市场监管局、税务局、高级法院。作为上海市公共数据开放的首个行业应用，首批 8 家单位免费提供了与普惠金融相关度较高的 300 多个数据字段，实现了纳税、社保缴纳、住房公积金、市场监管、发明专利、科创企业认定、环保处罚、商标、司法判决等信息的免费共享，其中，社保缴纳、住房公积金、科创企业认定、发明专利等有关数据都是首次向商业银行开放。

三是共享数据安全实时。结合银行实际需求，在融资应用功能定位设计方面，根据银行提升授信审批效率、创新信贷产品、优化风控模型需求，对来自不同部门的信息，形成质量约束标准，建设标准化数据接口。在获得企业授权后，银行通过平台提出查询请求，平台可提供一定时期内的企业数据。为推动银行更有效、安全地利用信息数据，上海银保监局牵头起草了企业授权书模板和数据利用签约协议。对数据的获取和使用明确约束，保障客户和公共数据安全。

（二）金融监管

2019年，上海银保监局统筹开展防风险和治乱象，组织辖内各银行保险机构开展自查及整改工作，针对共计12家重点机构和重点业务开展监管抽查。银行业方面，加强重点领域风险防控，严控资金违规流入房地产市场，规范信用卡过度授信和催收行为。动态监控交叉金融风险，扎实推进网贷风险整治，深入开展扫黑除恶专项斗争，平稳应对外部风险冲击，稳妥推进高风险机构处置，避免跨业态、跨行业和跨市场风险传染共振。截至2019年末，辖内银行业不良贷款余额732亿元，不良贷款率为0.93%，法人机构拨备覆盖率为288.64%，各项关键指标处于全国较优水平。印发《关于告知深入推进银行业务创新监管互动机制支持上海自贸试验区新片区建设的通知》，支持市场主体参照国际通行规则开展跨境金融业务创新。保险业方面，从严整治车险市场乱象，确保上海车险市场健康发展；严控个人融资类信保业务，有效化解案件风险；防控人身险重点领域风险，加大消费者权益保护力度；多措并举，优化保险中介监管方式。全年上海车险综合费用率继续保持全国低位，平稳处置网贷机构融资类信保业务风险，妥善处理各类消费投诉事项，提升保险行业公众形象。

2019年，上海证监局防风险、守底线，全力维护上海资本市场稳定。一是提升风险应对能力，防控辖区资本市场风险。全面排摸上海辖区资本市场各类主体的风险，建立重大风险月度分析报告制度。修订完善应急预案，实现风险事件监测预警、应急处置全流程规范化。二是依法全面从严监管，稳妥推进重大个案风险化解处置。稳妥化解*ST上普退市风险。压实上市公司退市主体责任，督促公司做好信息披露和投资者关系管理。*ST上普成为2019年沪深两市唯一主动退市的公司。平稳推进华信证券风险处置。在证监会依法撤销华信证券业务许可并进行行政清理和托管后，牵头成立风险处置现场工作组，对行政清理、业务托管等风险处置工作进行指导和监督。稳步做好阜兴集团风险化解工作。完成对阜兴集团违规行为的行政调查，依法将违法犯罪线索移送公安机关。三是强化投资者宣传教育，保护中小投资者合法权益。形成监管部门牵头、自律组织协调、经营机构落实联动开展投资者教育活动的有效机制。组织开展“走近科创，你我同行”等8次专项投资者教育宣传活动，协同开展“携手筑网　同防共治”防范非法集资宣传，联合录制“多元化解纠纷　促进投资和谐”3·15投资者教育专题电视节目和《常见金融骗术揭秘》宣传视频，推动投资者教育基地开展投资者教育纳入国民教育工作。

六、国际金融中心建设推进情况

2019年，上海金融业贯彻落实习近平总书记在进博会和上海考察时的重要讲话精神，稳步推进实施“三大任务”，不断扩大金融开放，持续深化对供给侧结构性改革和实体经济发展的金融服务，进一步落实加强地方金融监管、防范化解金融风险等工作，上海作为发展中的金融中心城市国际影响力进一步增强。

（一）全力以赴落实“三大任务”

上海自贸试验区新片区方面，2019 年 8 月 20 日自贸试验区临港新片区揭牌，《中国（上海）自由贸易试验区临港新片区总体方案》、上海市“临港新片区特殊支持政策 50 条”和实施细则出台。自由贸易账户累计拓展区外企业四批共 6 626 家。科创板及注册制试点方面，科创板于 7 月 22 日开市，从宣布到落地实施仅历时 9 个月。7 月 31 日，上海市政府办公厅印发《关于着力发挥资本市场作用促进本市科创企业高质量发展的实施意见》，支持上海证券交易所设立科创板并试点注册制，发挥资本市场服务科技创新作用，促进科创企业高质量发展。截至 2019 年末，上海证券交易所已受理 205 家企业申请，其中 70 家已上市，募集资金 824 亿元，总市值 8 638 亿元。长三角区域一体化方面，上海市贯彻《长江三角洲区域一体化发展规划纲要》实施方案发布。长三角科创板企业金融服务一体化合作会议召开，三省一市地方金融监管局签署《长三角科创板企业金融服务一体化合作协议》。

（二）深入推进金融改革开放

金融中心建设统筹推进。2019 年 1 月 17 日，经国务院同意，人民银行、国家发展改革委等八部门联合发布《上海国际金融中心建设行动计划（2018—2020 年）》。金融对外开放持续深化。上海市贯彻落实国家进一步扩大金融开放部署，2019 年上报国务院和国家金融管理部门第四批、第五批金融业对外开放项目，累计上报 48 个项目。全国首家外资独资保险控股公司安联（中国）保险控股有限公司获批开业，全国首批新设外资控股合资券商野村东方国际证券有限公司和摩根大通证券（中国）有限公司获批开业，全国首家外资控股合资理财公司汇华理财有限公司获批筹建等。金融市场进一步创新发展。中日 ETF 互通产品、20 号胶期货、沪深 300ETF 期权、沪深 300 股指期权、天然橡胶期权、不锈钢期货、国债期货期转现、票据“贴现通”“票付通”、长三角一体化 ETF、黄金期权、标准化票据、债券回购违约处置业务等多项创新陆续推出。贷款市场报价利率（LPR）形成机制改革顺利推进。重点金融机构集聚发展。交银理财有限责任公司开业，中银金融科技有限公司揭牌。英国施罗德等国际知名机构在沪设立投资管理公司。上海金融科技中心建设加快推进。推动出台《加快推进上海金融科技中心建设实施方案》，上海金融科技中心影响力进一步扩大。

（三）深化金融服务供给侧结构性改革

金融支持科创中心建设不断推进。上海银行业多渠道与外部股权投资机构开展合作，探索多种形式的投贷联动融资服务模式创新，加强金融对集成电路、生物医药、人工智能等战略性新兴产业发展和科技创新企业的支持。民营企业金融服务持续强化。上海市《关于贯彻〈中共中央办公厅、国务院办公厅关于加强金融服务民营企业的若干意见〉的实施方案》发布。上海市大数据普惠金融应用上线运行。金融服务民生社会进一步深化。《关于促进金融创新支持上海乡村振兴的实施意见》发布，推动上海乡村振兴美丽家园、绿色田园、幸福乐园“三园”工程建设。《关于做好农村承包土地的经营权抵押贷款推广工作切实改善农村金融服务的通知》发布，在全市郊区范围推广农村土地经营权抵押贷款业务。《上海市农业保险大灾风险分散机制实施办法》发布，进一步完善全市政策性农业保险制度。上海市健康保险交易平台上线，建设工程质量潜在缺陷保险实施细则发布。

（四）防范化解金融风险

地方金融监管体系不断完善。《上海市地方金融监督管理条例》由立法计划预备项目转为正式项目，通过市人大常委会一审。基本摸清“7+4”类监管对象行业家底，建立市区两级监管机制，强化事中事后监管，加强现场检查，引导行业自律。防范化解金融风险稳步推进。《上海市打好防范化解重大金融风险攻坚战实施方案》发布，市级层面打非工作“一办三组”+区级层面“一事一案一专班”工作格局进一步健全。深入开展互联网金融风险专项整治，网贷整治工作取得平台家数、存量规模、涉及人数显著下降的阶段性成效。推动重点交易场所清理整顿，清理整顿工作总体平稳有序，存量风险基本可控，初步建立长效机制。金融风险矛盾稳妥化解。妥善处置重大风险案（事）件，坚持全链条防控打击非法金融活动，全力做好信访维稳各项工作，会同相关部门探索适应特大型城市风险防范化解的有效途径，确保经济金融秩序和社会大局安全稳定。

（五）全面优化营商环境

境内外金融合作交流不断加强。第十一届陆家嘴论坛（2019）成功举办，国务院领导出席并发表主旨演讲，“一行两会”主要领导参会并发布一系列新的金融开放政策措施。上海国际金融中心专家咨询委员会（SIFAC）成立。上海与全球其他金融中心城市及“一带一路”沿线国家和地区主要金融中心城市以及沪港、沪澳、沪台之间的金融合作进一步加强，境内外金融交流进一步深化。营商环境进一步优化。开展世界银行营商环境测评相关工作，推动提升金融信贷服务便捷性。在全国率先开展动产担保统一登记试点。对金融机构和金融人才的服务水平不断提升。评选2018年度金融创新奖，58个项目获创新成果奖，9个项目获创新推进奖。金融人才奖政策调整工作加快推进，加强人才服务，为吸引、留住高端金融人才营造良好环境。

七、金融消费权益保护工作情况

（一）投诉受理、处理工作

畅通投诉咨询渠道。持续完善12363电话管理，规范接听应答，加强质量管控，为金融消费者提供畅通的诉求表达渠道。积极推进金融纠纷多元化解机制建设工作。持续推广多样化调解方式，在完善多种便民调解服务的基础上，扩大线上调解的应用范围，不断提升调解工作的覆盖范围和服务水平。

此外，稳步推进中立评估机制试点工作。2019年，上海市金融消费纠纷调解中心共完成中立评估68件；调解金融消费纠纷1 765起，调解成功1 409起，调解成功率79.83%，产生良好社会反响。

（二）监督检查工作

一是稳步开展金融消费权益保护监督检查工作。通报2019年度金融消费权益保护监督检查情况，根据总行部署有效开展2020年综合执法检查工作，围绕个人金融信息保护、金融营销宣传行为规范等重点内容开展监督检查。

二是持续推进金融消费权益保护机构评估工作。通报2019年度上海地区机构评估情况，督促机构针对发现的问题及时开展自查自纠，通过开展金融消费权益保护应知应会测试和与机构对话，深入了解机构消保工作水平，有效提升机构对消保工作的重视程度。

三是强化典型案例公示和风险提示工作。收集、整理并深入剖析金融消费权益保护典型案例，开展典型案例的比较研究和热点案例的纵深挖掘，有效发挥案例的导向和示范作用。结合日常监管和社会热点问题，加强金融消费权益保护风险提示工作。

（三）金融消费者教育工作

一是开展集中性的金融消费者教育活动。在“3·15”活动期间，与上海银保监局共同主办“金融消费者权益日 银行业和保险业消费者权益保护教育宣传周活动”。9月，在金融知识普及月期间，首次实现金融监管部门全覆盖、线上线下宣传渠道全覆盖，合力推进各项工作。此外，联合腾讯制作了首个金融小游戏“钱袋子保卫战”并在微信小程序上线，反响热烈。

二是积极开展金融素养调查工作。6月，开展了第二次金融素养调查工作，组织18家商业银行在上海辖内通过在网点发放问卷、上门访谈等方式获取问卷数据。

三是继续大力推进金融知识纳入国民教育体系。积极与上海市金融局和教育部门沟通协调，推进金融知识纳入中小学课程，目前已完成金融知识教材《金融诚信伴我行》小学版和初中版的编写和出版。

（四）金融广告治理工作

一是推动完善金融广告治理体系。配合人民银行总行研究制定《中国人民银行 中国银行保险监督管理委员会 中国证券监督管理委员会 国家外汇管理局关于进一步规范金融营销宣传行为的通知》（银发〔2019〕316号），与市场监管部门、互联网监管部门构建金融广告信息共享、分析研判、监测预警、综合施策等工作机制，着力构建央地协调的金融广告监管制度体系。

二是做好金融广告监测处置工作。推动构建金融广告监测体系，全口径监测违法违规金融营销宣传活动，联合有关部门依法、依职责处理违法违规金融广告活动。

三是大力倡导金融广告行为自律管理。联合有关部门推动上海市各金融行业协会、广告行业协会等发挥桥梁纽带作用，积极开展金融广告行业自律，及时发现并解决相关业务风险隐患，督促各市场机构严格遵守金融广告发布规范、规范金融经营行为。与各部门持续加强涉及金融广告的消费者教育工作，推动在全社会营造守法经营、规范宣传、诚实守信的良好氛围。

八、法制建设情况

2019年是新中国成立70周年，也是全面建成小康社会关键之年。习近平总书记在中共中央政治局第十三次集体学习时强调，深化金融供给侧结构性改革，增强金融服务实体经济能力。2019年，中国金融市场深层次改革、高水平开放，积极服务于经济高质量发展，上海国际金融中心建设及其法治环境也进一步优化。

（一）金融立法夯实金融中心法治基础

1. 立法促进金融业进一步扩大开放

第十三届全国人民代表大会第二次会议于 2019 年 3 月 15 日通过《中华人民共和国外商投资法》，中华人民共和国主席令第 26 号发布，自 2020 年 1 月 1 日起施行。刚刚走过改革开放四十年历程的中国，以全面升级的法制设计，向全世界发出了将改革开放进行到底的法律承诺。这部法律融入了涉及外商投资的众多制度创新，全方位对接国际经贸规则，强化对外商投资的法律保护，彰显了打造法治化、国际化、便利化营商环境的坚定决心。

2019 年 9 月 30 日，国务院发布了《中华人民共和国外资保险公司管理条例（2019 年修订）》《中华人民共和国外资银行管理条例（2019 年修订）》，标志着我国金融业对外开放迈向新征程，对于激活我国经济发展新动能、打造我国金融业对外开放新格局、开启我国金融监管法制新道路，都具有重大意义。10 月 30 日，国务院又发布了《关于进一步做好利用外资工作的意见》（国发〔2019〕23 号），提出以下意见：（1）支持外商投资新开放领域；（2）加快金融业开放进程；（3）优化汽车领域外资政策；（4）着力营造公平经营环境；（5）优化外商投资企业科技创新服务；（6）提升自由贸易试验区建设水平；等等。

银保监会也于 5 月宣布推出进一步扩大银行业保险业对外开放的 12 条新措施，核心是继续放宽外资金融机构的市场准入、持股比例和经营范围限制，吸引优质外资金融机构进入，优化金融业开放布局，深入推进金融业新一轮高质量改革开放。7 月 20 日，国务院金融稳定发展委员会办公室发布《关于进一步扩大金融业对外开放的有关举措》，主要内容包括：（1）人身险外资股比例、保险资产管理公司持股比例和外资保险公司准入条件三方面逐步取消外资准入限制；（2）扩大外资机构债券评级种类、允许外资机构获得 A 类主承销牌照、便利境外机构投资者投资；（3）其他金融机构准入限制、持股比例和原定开放期限的缩短。

上海市人民政府 2019 年 8 月 13 日出台《上海市新一轮服务业扩大开放若干措施》，对扩大金融业开放提出五大措施，要求推进更高水平的金融服务业对外开放，加快国际金融中心建设速度，提出放宽服务业外资市场的准入限制，设立人民币跨境贸易融资和再融资服务体系，为大宗商品现货交易市场提供基于自由贸易账户的跨境金融服务。

2. 立法保障以注册制为标志的资本市场改革深化

2019 年 12 月 28 日第十三届全国人民代表大会常务委员会第十五次会议通过了《中华人民共和国证券法（2019 年修订）》，中华人民共和国主席令第 37 号颁布，并于 2020 年 3 月 1 日生效。新《证券法》拉开了我国全面推行证券发行注册制的序幕；新《证券法》共 14 章，在基本保持原《证券法》框架结构的基础上，新增信息披露和投资者保护专章，从发行制度、民事赔偿诉讼、提高违法成本等方面，对证券市场基础制度进行了系统完善。

为保障科创板开板和注册制实施，2019 年 1 月 23 日，中央全面深化改革委员会第六次会议 2019 年 1 月 23 日审议通过了《在上海证券交易所设立科创板并试点注册制总体实施方案》和《关于在上海证券交易所设立科创板并试点注册制的实施意见》。中国证监会于 1 月 28 日发布《关于在上海证券交易所设立科创板并试点注册制的实施意见》，3月1日发布了《科创板首次公开发行股票注册管理办法（试行）》《科创板上市公司持续监管办法（试行）》《公开发行证券的公司信息披露内容与格式准则第42号——首次公开发行股票并在科创板上市申请文件》等。中国证监会还修订了《上市公司重大资产重组管理办法》，颁布了《科创板上市公司重大资产重组特别规定》；上交所颁布了《上海证券交易所科创板上市公司重大资产重组审核规则》（上证发〔2019〕114号）。最高人民法院也印发了《关于为设立科创板并试点注册制改革提供司法保障的若干意见》。

上海市人民政府于2019年7月30日发布《上海市人民政府办公厅关于着力发挥资本市场作用促进本市科创企业高质量发展的实施意见》，提出要依托科创板，加快培育一批代表上海科创实力、体现上海科创潜力的优质科创企业，为上海国际金融中心建设和具有全球影响力的科技创新中心建设奠定坚实基础。

此外，2019年对债券市场的规范加紧出台。年初，中国外汇交易中心暨全国银行间同业拆借中心发布《全国银行间同业拆借中心关于发布2019年银行间债券市场标准折算率折扣系数的通知》；3月27日，财政部发布《关于印发〈境外会计师事务所从事全国银行间债券市场境外机构债券发行相关财务报告审计业务报备暂行办法〉的通知》；11月15日，中国人民银行、国家外汇管理局发布《关于进一步便利境外机构投资者投资银行间债券市场有关事项的通知》。

3. 政策规范推进国际金融中心加快建设

2019年1月17日，经国务院同意，中国人民银行、国家发展和改革委员会等八部门发布《上海国际金融中心建设行动计划（2018—2020年）》，明确了在2020年基本建成上海国际金融中心的指导思想、目标和任务，金融中心建设进入冲刺阶段。该行动计划提出上海国际金融中心建设的总目标是“到2020年，上海基本确立以人民币产品为主导、具有较强金融资源配置能力和辐射能力的全球性金融市场地位，基本形成公平法制、创新高效、透明开放的金融服务体系，基本建成与我国经济实力以及人民币国际地位相适应的国际金融中心，迈入全球金融中心前列”。具体包括三个方面的预期性指标：一是金融国际化程度进一步提升，参与上海金融市场的境外投资者规模显著扩大，国际债券规模显著增加，上海金融市场国际影响力显著提升，上海外汇市场交易规模显著扩大。二是金融服务功能进一步完善，显著提高直接融资特别是股权融资比重，人民币跨境支付清算安排更加完善。三是金融发展环境进一步优化，上海金融人才结构明显优化，金融发展环境的国际竞争力明显增强，金融监管和风险防范能力有效提高。

（二）金融执法鼓励创新与加强监管

1. 护航科创板、注册制顺利推出

2019年上半年，根据国家部署，上海证券交易所先后发布与科创板股票上市、发行上市审核、发行承销、交易、股票上市委员会及科技创新咨询委员会相关的6项主要业务规则，同时发布的还有与上市保荐书内容与格式、股票发行上市申请文件受理、股票盘后固定价格交易、股票交易风险揭示书必备条款相关的4项配套指引。6月28日，中国证券监督管理委员会、国家发展和改革委员会等联合发布《关于在科创板注册制试点中对相关市场主体加强监管信息共享　完善失信联合惩戒机制的意见》。

2019 年 6 月 13 日，在第十一届陆家嘴论坛开幕式上，中国证监会和上海市人民政府联合举办了上海证券交易所科创板开板仪式，这标志着资本市场改革迈出了关键一步。6 月 15 日，券商完成科创板技术通关测试。

2019 年 7 月 22 日，科创板正式开市，首批上市的 25 家公司上市；8 月 8 日，第二批科创板公司挂牌上市。在开办后的一年时间里，科创板上市公司数量超过 100 家，总市值破 1 万亿元；科创板股票较发行价平均上涨 150%。

2. 落实金融市场全方位扩大开放

2019 年国家加大金融对外开放的步伐，上海国际金融中心法治环境确保先行一步，呈现对外开放新格局。

沪伦通启动仪式于 2019 年 6 月 17 日在伦敦证券交易所举办，沪伦通宣告正式开通。

2019 年 6 月，中日资本市场正式开通 ETF 互通业务，ETF 互通机制下，中日两国基金公司分别通过现行 QDII 和 QFII 机制设立跨境基金，并将全部或绝大部分基金资产投资于对方市场具有代表性的 ETF 产品。2019 年 9 月，外汇局宣布取消合格境外机构投资者（QFII）和人民币合格境外机构投资者（RQFII）投资额度限制，包括总额度和单家额度，同时，RQFII 试点国家和地区限制也一并取消。2019 年 10 月，证监会宣布自 2020 年 1 月 1 日起，取消期货公司外资股比限制，自 2020 年 4 月 1 日起，在全国范围内取消基金管理公司外资股比限制；自 2020 年 12 月 1 日起，在全国范围内取消证券公司外资股比限制。

2019 年 10 月，人民银行上海总部与浦东新区政府共同制定《关于金融支持浦东新区改革开放再出发实现新时代高质量发展的指导意见》，支持中央扩大金融业对外开放的举措在浦东新区率先落地，吸引金融机构功能性总部、外资金融机构及其子公司等落户浦东。

3. 资产管理业务进入规范发展时期

2019 年资管新规实质上进入了资管业务整改和规范运行时代。10 月 12 日，人民银行同银保监会、证监会、外汇局等部门起草了《标准化债权类资产认定规则（征求意见稿）》，对标准化债权类资产的认定规则进行了系统性的阐述，将规范金融机构资产管理产品投资，强化投资者保护，促进直接融资健康发展，有效防控金融风险。12 月 25 日，一行两会一局联合发布《关于进一步规范金融营销宣传行为的通知》。

2019 年 5 月 17 日，银保监会发布《关于开展“巩固治乱象成果　促进合规建设”工作的通知》，强调不得向“四证”不全、开发商或其控股股东资质不达标、资本金未足额到位的房地产开发项目直接提供融资。6 月，银保监会下发《关于保险资金投资集合资金信托有关事项的通知》，对有关规定作出修订。11 月 22 日，银保监会就《保险资产管理产品管理暂行办法（征求意见稿）》向社会公开征求意见，内容上在打破刚性兑付、消除多层嵌套、去通道、禁止资金池业务、限制期限错配等方面与资管新规保持一致。12 月 2 日，银保监会发布《商业银行理财子公司净资本管理办法（试行）》。人民银行、银保监会还起草了《关于规范现金管理类理财产品管理有关事项的通知（征求意见稿）》。

2019 年 10 月 25 日，国家发展改革委、财政部会同一行两会一局联合印发了《关于进一步明确规范金融机构资产管理产品投资创业投资基金和政府出资产业投资基金有关事项的通知》，对资产管理产品投资创业投资基金和政府出资产业投资基金适用资管新规及其实施细则等问题加以明确。证监会10月25日下发《关于做好公开募集证券投资基金投资顾问业务试点工作的通知》，酝酿已久的公募基金投资顾问业务试点正式开闸。12月6日，证监会正式颁布《证券期货经营机构管理人中管理人（MOM）产品指引（试行）》。2019年11月，《全国法院民商事审判工作会议纪要》经最高人民法院有关会议原则通过正式发布，内容涉及公司、合同、担保、金融等民商事审判的绝大部分领域。

4. 规范金融机构行为，保护投资者和金融消费者

2019年12月27日，中国人民银行起草了《中国人民银行金融消费者权益保护实施办法（征求意见稿）》，对金融机构行为规范、金融消费者信息保护、金融消费争议解决、监督与管理机制等作出明确规定。

2019年7月26日，证监会发布了《公开募集证券投资基金信息披露管理办法》，规范公开募集证券投资基金信息披露活动，保护投资者及相关当事人的合法权益。9月2日，互联网金融风险专项整治工作领导小组、网贷风险专项整治工作领导小组联合发布《关于加强P2P网贷领域征信体系建设的通知》，今后不论是否已退出经营的P2P网贷机构，均将全面接入央行征信系统，网贷领域失信人或将面临提高贷款利率、限制提供贷款等惩戒措施。

2019年3月12日，中国银保监会办公厅发布《关于开展银行保险机构非法集资风险排查整治活动的通知》（银保监办发〔2019〕72号），开展银行保险机构非法集资风险排查整治活动。5月17日，中国银保监会发布《关于开展“巩固治乱象成果　促进合规建设”工作的通知》。银保监会办公厅2月26日公布《关于加强保险公司中介渠道业务管理的通知》，4月2日公布开展保险中介市场乱象整治的《2019年保险中介市场乱象整治工作方案》，8月23日又发布了《关于印发〈商业银行代理保险业务管理办法〉的通知》，规范中介市场，保护投保人利益。

2019年12月20日，证监会发布《非上市公众公司监督管理办法（2019年修正）》（中国证券监督管理委员会令第161号），主要内容包括公司治理、信息披露、股票转让、定向发行、向不特定合格投资者公开发行、监督管理以及法律责任。

5. 加强金融服务民营经济

2019年2月14日，中共中央办公厅、国务院办公厅印发了《关于加强金融服务民营企业的若干意见》。上海市金融工作局、人民银行上海分行、上海银保监局、上海证监局也研究制定了《关于贯彻〈中共中央办公厅、国务院办公厅关于加强金融服务民营企业的若干意见〉的实施方案》，切实加强对上海民营企业的金融服务，促进产业与金融深度融合。

（三）依法推进金融中心与自贸区、科创中心、长三角一体化联动

1. 自贸区临港新片区金融制度创新

2019年7月，国务院发布《关于同意设立中国（上海）自由贸易试验区临港新片区的批复》和《关于印发中国（上海）自由贸易试验区临港新片区总体方案的通知》（以下简称《总体方案》），将临港新片区对标国际上公认的竞争力最强的自由贸易园区，建立以投资贸易自由化为核心的制度体系、建立全面风险管理制度、建设具有国际市场竞争力的开放型产业体系。2019年8月20日上午，上海自贸试验区临港新片区在滴水湖畔正式揭牌。《总体方案》明确，新片区参

照经济特区管理。在适用自由贸易试验区各项开放创新措施的基础上，支持新片区以投资自由、贸易自由、资金自由、运输自由、人员从业自由等为重点，推进投资贸易自由化便利化。金融方面，实施资金便利收付的跨境金融管理制度，在风险可控的前提下，按照法律法规规定，借鉴国际通行的金融监管规则，进一步简化优质企业跨境人民币业务办理流程，推动跨境金融服务便利化。先行先试金融业对外开放措施，积极落实放宽金融机构外资持股比例、拓宽外资金融机构业务经营范围等措施，支持符合条件的境外投资者依法设立各类金融机构，保障中外资金融机构依法平等经营。运用科技手段提升金融服务水平和监管能力，建立统一高效的金融管理体制机制，切实防范金融风险。

2019年8月30日，中共上海市委员会、上海市人民政府发布了《关于促进中国（上海）自由贸易试验区临港新片区高质量发展实施特殊支持政策的若干意见》。9月24日，自贸区临港新片区管理委员会发布了《中国（上海）自由贸易试验区临港新片区支持金融业创新发展的若干措施》。在更深层次、更宽领域，以更大力度推进全方位高水平开放。

最高人民法院发布《关于人民法院为中国（上海）自由贸易试验区临港新片区建设提供司法服务和保障的意见》(法发〔2019〕31号)，为新片区提供司法服务和保障，加大司法改革创新，推动完善新片区多元化纠纷解决体系。

上海银保监局发布《关于中国（上海）自由贸易试验区临港新片区银行业保险业监管有关事项的通知》，呼吁在沪各银行业、保险业金融机构积极配合国务院关于中国（上海）自由贸易试验区临港新片区的批复精神及印发的相关方案。

2. 上海金融科技中心建设的制度推进

为落实上海国际金融中心和科创中心建设的国家战略，2019年8月20日，中国银保监会上海监管局发布了《关于上海银行业保险业进一步支持科创中心建设的指导意见》，紧扣科创中心建设，推出五大支持措施。10月13日，中国人民银行上海总部发布了《关于促进金融科技发展　支持上海建设金融科技中心的指导意见》，提出要在科技成果应用、新兴技术研发、金融科技风险管理、人才培养和合作交流等方面充分发挥上海金融和科技资源优势，推动上海国际金融中心建设与科技创新中心建设联动发展，把上海建设成为国内领先、具有国际竞争力的金融科技中心。

2019年12月10日，上海市政府常务会议召开，就制订《加快推进上海金融科技中心建设实施方案》进行了研究，力求将上海打造成金融科技的技术研发高地、创新应用高地、产业集聚高地、人才汇集高地、行业标准形成高地和监管创新试验区。

3. 金融支持长三角区域一体化发展

2019年12月1日，中共中央、国务院印发了《长江三角洲区域一体化发展规划纲要》，提出长三角一体化的一个重要任务是，建设现代化经济体系，提升产业链水平，打造成为“全国发展强劲活跃增长极”。要求长三角地区加快金融领域协同改革和创新，促进资本跨区域有序自由流动；完善区域性股权市场。依法合规扩大发行企业债券、绿色债券、自贸区债券、创新创业债券；推动建立统一的抵押质押制度，推进区域异地存储、信用担保等业务同城化；联合共建金融风险监测防控体系，共同防范化解区域金融风险；鼓励地方政府联合设立长三角一体化发展投资专项资金，主要用于重大基础设施建设、生态经济发展、盘活存量低效用地等投入；支持符合监管政策的地方法人银行在上海设立营运中心；支持上交所在长三角设立服务基地，搭建企业上市服务平台。

中共上海市委员会、上海市人民政府于11月13日发布了《关于加快虹桥商务区建设打造国际开放枢纽的实施方案》，具体落实国家战略，建设“具有全球影响力的世界级城市群”，助力金融中心建设。

2019年10月26日，国家发展改革委印发《长三角生态绿色一体化发展示范区总体方案》，提出要培育发展绿色金融产业，支持金融机构和企业发行绿色债券，探索绿色信贷资产证券化。11月1日，长三角生态绿色一体化发展示范区及示范区理事会、执委会同时揭牌，示范区范围包括上海市青浦区等。

（四）金融司法维权保障全面发力

1. 金融法院运行成绩斐然

上海金融法院以高标准、高水平起步，工作成效明显。2019年2月21日发布了《上海金融法院五年发展规划纲要（2019—2023）》，以建设“专业化、国际化、智能化”世界一流金融法院作为发展目标，对未来五年上海金融法院发展的指导思想、发展目标、规划任务和实施要求作出了全面安排，为国家金融战略实施和上海国际金融中心建设提供坚强有力的司法服务和保障。在成立一周年之际，上海金融法院召开建院一周年新闻发布会，一年来，上海金融法院共受理案件6 600余件，标的总额超过1 100亿元。

上海金融法院积极创新探索金融审判机制，2019年1月16日制定《关于证券纠纷示范判决机制的规定（试行）》，明确示范案例的选定、审理、专业支持、效力与审判管理等具体内容，建立“示范判决＋专业调解＋司法确认”全链条金融纠纷化解机制，有效化解证券市场民事赔偿群体性纠纷。作为集中管辖涉科创板案件的专门法院，上海金融法院7月23日发布了《关于服务保障设立科创板并试点注册制改革的实施意见》，为设立科创板并试点注册制改革营造良好的金融法治环境，提出了完善专业化审判机制、加强投资者保护、加大涉科创板案件执行力度、有效形成监管秩序等切实可行的措施。11月1日，上海金融法院和上海证券交易所签署《关于协助上海金融法院办理上市公司股票司法强制执行的备忘录》，就上交所上市公司大宗股票的执行司法协助达成合作意向。11月21日，上海金融法院发布《关于执行程序中处置上市公司股票的规定（试行）》，这是上海金融法院贯彻落实中央“切实解决执行难”重大部署、深入推进金融审判执行体制机制改革的又一重大举措。

2. 金融审判走向智能化、国际化

2019年8月20日，最高人民法院批准在上海市高级人民法院设立“中国法院金融审判国际交流（上海）基地”。上海市高级人民法院将在最高人民法院的指导下，以“中国法院金融审判国际交流（上海）基地”这一开放式的研究平台为依托，充分发挥基地的作用，推动金融司法理论和金融审判实践的深度融合，加强金融司法国际交流合作，促进境内外金融审判经验的广泛交流，不断提升我国金融司法的国际公信力和影响力。

2019年11月27日，上海金融法院正式启用庭审同步传译系统，此举标志着上海金融法院智慧法庭建设取得了突破性成就，实现了审判与科技的深度融合。为更适应庭审环境的应用需求，在研发过程中，上海金融法院充分契合金融审判专业特点，进行了多

项定制升级，包括设置金融法律知识和专业术语的预学习和自动学习功能，显著提升了自动翻译的可接受度。

2019 年 12 月 30 日，上海市高级人民法院聚焦自贸新片区“境内关外”特殊经济功能区的定位，制定了《上海法院服务保障中国（上海）自由贸易试验区临港新片区建设的实施意见》，强化涉新片区司法政策的开放性和包容度，对接国际通行商事规则，加快建立与新片区政策相适应的司法管辖、专家咨询、域外法查明等审判体制机制，加快推进国际商事审判组织建设，强化对国际商事、海事纠纷的司法管辖，充分尊重当事人法律适用和纠纷解决方式的选择权，积极开展国际司法交流合作，提高金融审判国际化专业化水平。

3. 精准打击金融犯罪、防范风险

上海市高级人民法院妥善审理涉“乐视系公司”“华信集团”等重大案件以及涉证券欺诈、P2P 网络借贷等涉众型金融案件，防范金融风险。上海市高级人民法院已建立了金融风险司法防范预警机制，包括建立重大案件报告、处置制度，审慎处理可能引发金融风险的案件；建立金融风险信息反馈机制，对案件中暴露的金融风险问题采用审判白皮书、司法建议、专题分析等形式强化预警；打造大数据分析平台，深度利用金融案件数据，提炼分析影响金融安全和金融稳定的潜在风险，为金融审判和金融监管的高效协作提供数据支持。

2019 年 12 月 12 日，上海金融检察研究中心成立，宗旨即为进一步严厉打击和有效预防金融犯罪，防范化解重大金融风险，切实维护上海金融安全和秩序。组织架构采用“一个中心，三个分中心”的平台设置，即在市检察院设立“上海金融检察研究中心”牵头抓总、指导协调，在市检察院第一分院设立“证券期货金融犯罪研究中心”，在第二分院设立“银行保险金融犯罪研究中心”，在第三分院设立“金融创新检察研究中心”，形成有统有分、统分结合、重点突出、协作共赢的金融检察新局面。同时组建了证券期货、银行保险两个金融检察跨层级的办案团队，带头经办金融领域大要案、专案，提供专业化指导，对实务难点和金融前沿问题深入研究，提升经验规律总结水平，参与社会治理防范风险。

4. 优化多元化解金融纠纷体系

上海金融法院已建立了“示范判决 + 专业调解 + 司法确认”全链条金融纠纷化解机制。示范判决生效后，对已立案的平行案件，由法院委托专业第三方调解机构以示范判决所确立的事实认定和法律适用标准进行调解；对尚未立案的案件，法院在立案时告知示范判决信息，促使相关当事人按照示范判决的裁判原则，委托或委派第三方专业机构进行核算后，进行调解，根据当事人意愿，进行司法确认，使纠纷快速解决，有效化解群体性纠纷。2019 年 12 月 28 日，全国人大常委会作出《关于授权最高人民法院在部分地区开展民事诉讼程序繁简分流改革试点工作的决定》，上海金融法院作为试点法院积极开展民事诉讼繁简分流改革，进一步加大诉前调解力度，畅通诉调对接衔接，优化司法确认程序。

浦东新区人民法院金融庭与浦东新区东方调解中心等多家调解机构建立诉调对接全面合作关系，2018 年成功调解金融案件 146 件，涉案金额 7 400 万元。2019 年 9 月 26 日，浦东新区人民法院涉外商事纠纷“诉讼、调解、仲裁”一站式解决工作室正式揭牌，同时浦东新区人民法院自贸区法庭与高等院校及仲裁、调解、外国法查明、翻译、公证等专业机构签订合作备忘录，进一步优化金融纠纷多元化解体系。

5. 积极宣传金融司法

2019 年 7 月 29 日，上海市高级人民法院对外发布中英文版金融商事审判白皮书，包括《2018 年度上海市高级人民法院金融商事审判情况通报》及《2018 年度金融商事审判十大案例》，2018 年上海市高级人民法院受理的一审金融商事纠纷案件标的总金额首次突破千亿元大关，达 1 410.7 亿元人民币，同比上升 106%。2018 年，上海市高级人民法院受理了多起新类型金融商事纠纷案件，包括金融创新交易方式、金融创新产品引发的纠纷和传统金融领域中发生的新类型法律纠纷。2019 年 2 月 26 日，浦东新区人民法院发布了《专业化金融审判白皮书（2008 年 11 月—2018 年 12 月）》，回顾了十年走过的专业金融审判之路，十年间其共受理金融商事案件 171 697 件，审结 171 319 件，审结率 99.8%，年均增幅为 39.6%。5 月 10 日，闵行区人民法院发布了《上海市闵行区人民法院金融商事审判白皮书（2016—2018）》，显示近年来金融商事案件呈现信用卡和融资租赁纠纷数量大增、涉众型新类型金融案件增多、金融消费者维权意识提高等特点。

上海市人民检察院发布《2018 年度上海金融检察白皮书》和《2018 年上海市检察机关金融检察十大典型案例》，揭示金融犯罪组织化、集团化、融合化等特点，借助互联网的金融犯罪活动有上升趋势，金融跨境案件逐渐增多。上海市浦东新区检察院发布《2018 年度金融检察白皮书》，总结金融检察创新成果，并基于办案经验和专业知识为科创板设立和注册制试点把脉风险，提出维护经济社会稳定、防控金融风险的建议。

第三章
纽约国际金融中心发展情况

2019 年，纽约市经济稳定增长，在继续保持服务业优势的同时，也在积极响应“制造业回归”计划，继续致力于成为包容性创新和经济增长典范。金融方面，金融服务业和金融机构的发展势头较上一年有所放缓。其中，银行业利润较上一年有所下降；证券业 2019 年上半年净收入增速有所放缓，全年增速预计为负；保险业较上一年稳步增长。金融市场规模继续扩大，其中股票市场市值、成交规模等指标稳居全球首位，债券、期货、外汇及利率衍生品等市场位于全球前列，继续在全球资源配置和资产定价中发挥核心作用。总之，纽约继续在全球国际金融中心城市中占据领先地位。

一、经济金融发展概况

根据美国经济分析局（Bureau of Economic Analysis，BEA）最新数据，2018 年纽约大都会区[①]的实际 GDP 为 15 322.02 亿美元，较 2017 年上升 1.6%。GDP 构成中，金融活动、专业和商业服务、信息、教育和健康服务、政府支出等位居前列（见图 3–1）。

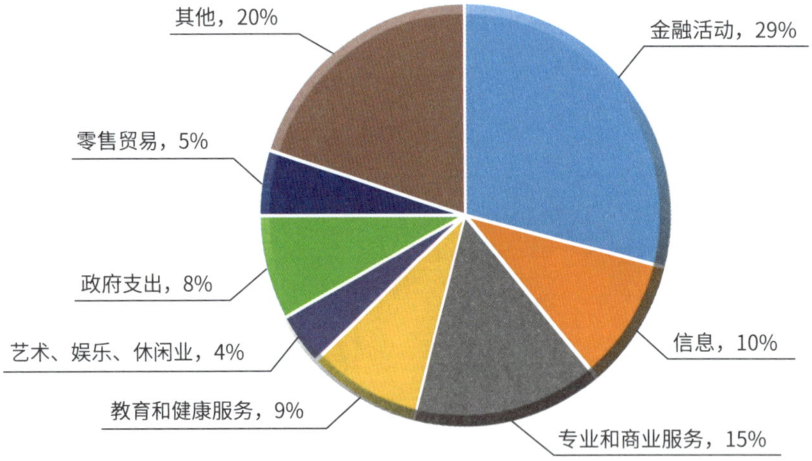

数据来源：BEA.

图 3–1　2018 年纽约大都会区 GDP 结构[②]

① 从 2000 年起，美国人口统计总署等部门使用大都会区和非大都会区概念取代了传统的城市和乡村概念。纽约大都会区是全美最大的都会区，以纽约市为中心，由纽约州上州的 6 个郡与长岛的 2 个郡、新泽西州的 14 个郡、康狄格州的 3 个郡，以及宾夕法尼亚州东北部的 1 个郡所组成。目前，面积约为 3.4 万平方公里，人口约为 1 995 万人（2013 年美国人口普查数据）。

② 出于披露原因，BEA 未批发贸易的数据未公布，批发贸易额并入其他项，故百分比较上一年有较大差异。

作为国际主要经济和金融中心，纽约是全世界最大跨国公司总部集中之地，在银行、证券、保险、生物医药等领域为美国乃至全球提供产品和服务，由此奠定其国际支配力和影响力。2019 年末，世界 500 强企业中有 14 家总部位于纽约，居全球第三位[①]，次于北京的 57 家和东京的 38 家。从行业分类来看，银行等金融机构占 10 家，其他类型企业共计 4 家（见表 3–1）。

表 3–1 2019 年总部位于纽约的全球 500 强企业名单

单位：百万美元、位

公司名称	行业	营业额	利润	500 强排名
摩根大通公司	银行	131 412	32 474	41
威瑞森电信公司	电信	130 863	15 528	43
花旗集团	银行	97 120	18 045	71
大都会人寿保险公司	人寿健康保险	67 941	5 123	142
百事公司	食品	64 661	12 515	154
辉瑞制药有限公司	制药	53 647	11 153	198
高盛集团	银行	52 528	10 459	204
摩根士丹利	银行	50 193	8 748	218
美国国际集团	财产意外保险	47 389	–6	235
美国纽约人寿保险公司	人寿健康保险	43 425	880	268
美国运通公司	银行	43 281	6 921	270
美国教师退休基金会	人寿健康保险	41 052	1 560	297
菲利普—莫里斯国际公司	烟草	29 625	7 911	422
国际资产控股公司	多元化金融	27 623	56	449

数据来源：www.fortunechina.com.

截至 2019 年末，纽约市共有 59 家商业银行、10 家储蓄银行、64 家信用社、19 家大型金融控股公司（资产规模超 100 亿美元）等金融总部，另有 116 家外资银行分支机构和代表处[②]。从资产规模看，美国前 50 大金融控股公司中有 15 家位于纽约州，总资产规模达到 8.54 万亿美元，占全部机构资产比重为 41.79%[③]，从中体现出作为金融中心的纽约金融资源集聚度之高。

除金融机构之外，纽约金融市场在全球金融资源配置中发挥核心作用。按交易对象划分，主要包括外汇市场、股票市场、债券市场、商品期货市场等。外汇市场上，以纽约为主要代表的美国外汇交易量 2019 年全球占比达到 16.07%[④]，仅次于伦敦。股票市场上，位于纽约的证券交易所[⑤]股票市值 2019 年末

① 数据来源：www.fortunechina.com.
② 数据来源：Department of Financial Services；National Information Center；Federal Reserve System.
③ 数据来源：National Information Center；Federal Reserve System.
④ 数据来源：BIS.
⑤ 包含纽约—泛欧和纳斯达克等交易所。严格意义而言，纳斯达克是一个基于电子网络的无形市场，物理位置并非位于纽约，但其毋庸置疑是纽约国际金融中心资本市场的重要组成部分。

达 36.33 万亿美元，占全球比重为 38.64%；股票成交规模 52.17 万亿美元，占全球比重为 45.40%①。此外，纽约市场在石油等能源期货、黄金等金属期货以及其他部分衍生品交易上位居全球前列。

二、金融服务业与金融机构

（一）银行业

联邦存款保险公司（Federal Deposit Insurance Corporation，FDIC）的报告指出②，2019 年美国银行业盈利较上年有所下降。具体而言，资产总量方面，2019 年银行业贷款和租赁增加 3 663 亿美元，增幅为 3.6%。资产质量方面，FDIC“问题银行列表”中“问题银行”数量降至 51 家，为 2007 年以来最低；“问题银行”的总资产也由上一年的 485 亿美元下降至 462 亿美元，显示银行业整体质量好转。贷款损失准备金总额于 2019 年第四季度达到 148 亿美元，较前一年增加 7.79 亿美元，贷款损失准备金占净营业收入的比重为 7.3%；38.4% 的机构贷款损失准备金高于 2018 年第四季度。此外，拨备覆盖率达 129.88%，较前一年上升 5.49 个百分点（见表 3–2）。在盈利方面，向 FDIC 投保的商业银行和储蓄机构 2019 年净利润达 2 331 亿美元，同比下降 36 亿美元，降幅为 1.5%。净利润的下降主要源自利息收入增幅的放缓和贷款损失准备金的增加。其中，利息收入较 2018 年仅增加 55 亿美元（1%），而贷款损失准备金较 2018 年增加 50 亿美元（9.9%）。

展望未来，在宏观经济不确定性进一步增加的情况下，美国银行业的盈利能力将进一步受到负面影响。

表 3–2　美国商业银行和储蓄机构的资产和负债情况

单位：百万美元

指标	2019 年	2018 年	2017 年	2016 年	2015 年	2014 年	2013 年	2012 年
机构数量（家）	5 177	5 406	5 670	5 913	6 182	6 509	6 812	7 083
总雇员（人）	2 063 257	2 067 086	2 076 128	2 052 504	2 033 758	2 047 879	2 068 719	2 110 276
总资产	18 645 348	17 943 122	17 415 377	16 780 224	15 967 923	15 553 660	14 731 284	14 450 503
贷款和租赁	10 518 202	10 152 303	9 721 072	9 305 365	8 841 647	8 309 470	7 893 117	7 695 664
存款	14 535 283	13 866 258	13 399 154	12 894 726	12 189 838	11 763 885	11 192 129	10 817 342
总股本	2 111 105	2 022 559	1 958 072	1 869 806	1 801 379	1 742 224	1 654 703	1 629 298
30~89 天逾期	67 991	65 984	67 582	65 741	64 315	69 968	75 897	88 880
拨备覆盖率（%）	129.88	124.39	106.30	92.18	85.97	75.39	65.59	58.55

数据来源：FDIC，Quarterly Banking Profile.
注：本表中数据只统计纳入 FDIC 保险范畴的机构。

① 数据来源：WFE。成交量包括 Electronic Order Book (EOB) Trades 和 Negotiated Deals。
② 纽约市相关银行业统计数据缺乏，本部分采用美国银行业资料数据。由于纽约市银行业在美国具有突出的地位，因此全美银行业情况一定程度上可以反映纽约市情况。本部分数据来源于 FDIC 报告。

从纽约市来看，截至2019年末，主要银行业机构总资产合计2.98万亿美元。其中，联邦注册银行总资产合计5 465亿美元，州注册银行总资产合计2.44万亿美元（见表3–3）。

表3–3　2019年纽约市银行业基本情况

单位：家、亿美元

	机构数量	总资产
纽约市	258	29 840
其中：商业银行	59	7 170
储蓄银行	10	203
储蓄贷款协会	1	20
信用社	64	139
外资银行分支机构	106	21 068
外资银行代表处	10	1 220
其中：州注册银行	139	24 375
联邦注册银行	119	5 465

数据来源：Department of Finance Services 2019 Annual Report，New York State.

（二）证券业[①]

纽约证券业受到正负两方面的影响。一方面，当前的经济和政治环境可能会给证券业的盈利能力带来挑战。在经历艰难的2018年底后，金融市场在2019年上半年低利率预期和贸易局势缓解的情况下有所恢复。之后，由于已经生效的贸易关税增加了企业和消费者的成本，以及全球债务接近前所未有的250万亿美元，金融市场进一步走弱。另一方面，虽然英国“脱欧”可能会对全球经济造成负面影响，但它给位于纽约的金融公司带来更多机会。数据表明，美国的证券业金融机构已经在全球扮演了重要的角色。2018年，美国公司获得了全球投资银行费用的62%，而这一比例在2011年为53%。

1. 收入与利润

证券业税前利润在2018年增长11%，达到273亿美元，为2011年以来的最高水平（见图3–2）。与早前成本下降带来的盈利增加不同，自2017年起，证券业盈利增长主要来源于收入的增长。从收入构成上看，财富和账户管理业务占2018年行业收入的四分之一以上，这两项收入自2009年以来增长了两倍多。尽管交易收入自2015年以来一直在增长，但其份额却从2009年的16%下降到2018年的6%。

证券业2018年的积极势头延续至2019年。2019年上半年的税前利润总计151亿美元，同比增长近11%。利润的增长多源自成本端的压缩，2019年上半年收入增速较2018年有所放缓，为2.4%，行业支出也随之被压低，仅增长不到1%。收入增长放缓体现在包

① 数据来源：Office of the New York State Comptroller，The securities industry in New York City，2018年9月。

括股票、商品和货币在内的一系列业务活动上。纽约市预算部门曾预测，2019 年证券业利润将下降 21%，尽管上半年的盈利能力表现超出预期，但下半年存在对盈利能力产生负面影响的风险，包括全球经济增长放缓和政治不确定性。

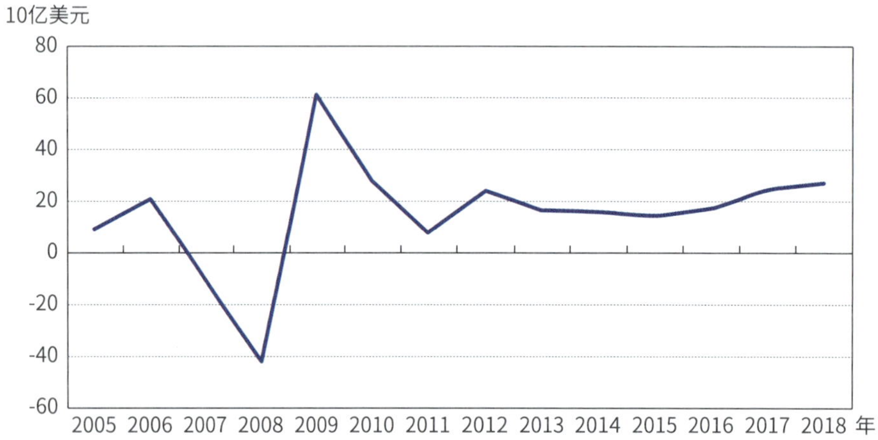

数据来源：Office of the New York State Comptroller.

图 3–2　纽约市证券行业利润

2. 就业

纽约市证券业的就业在2000年达到顶峰，工作岗位数达201 100个。但随后由于“9·11”事件和互联网泡沫的破灭，岗位数于2003年下降了35 200个。在行业充分恢复之前，随后的金融危机使2007—2010年又损失22 600个工作岗位。之后伴随行业的复苏，2018年证券业的岗位数为181 300个，达到2008年国际金融危机以来的最高水平。尽管如此，该行业2018年的岗位数仍比2007年少4%（7 600个）。2019年9月的数据显示，证券业将在全年失去近500个工作岗位。相对于2018年增加的4 700个工作岗位，证券业就业情况在2019年有所恶化。

由于就业向低成本地区转移，纽约市在美国证券业就业岗位中的份额长期下降。数据显示，纽约市的份额从1990年的33%下降到2007年的21%，并进一步下降到2018年的19%。

从全国范围来看，纽约州聚集了最多的证券岗位，2018年全州共有201 200个行业职位，是排名第二的加利福尼亚州的两倍多。自2007年以来，纽约市证券业就业占全州的90%，该份额与2007年相似。

3. 奖金与工资

证券业的薪酬制度在国际金融危机之前鼓励过度冒险。金融危机后新法规和准则改变了薪酬发放方式，主要表现为提高基薪，主要奖金延迟至未来年份发放且与绩效挂钩。尽管如此，2018年，纽约市证券业奖金支付占到私营部门的55%，工资支付占到私营部门的20%，而证券业的就业仅占私营部门的5%。

2019年3月，纽约国家审计局办公室（Office of the New York State Comptroller, OSC）公布的数据表明，2018年，纽约市证券从业人员的奖金池下降12%至283亿美元。由于2008年的联邦法律要求金融从业人员海外持有的递延补偿金必须于2017年12月31日汇回本国，以及2017年颁布的联邦税法鼓励纳税人将收入从未来转移到2017年，证券行业奖金池在2017年大幅增加。由于上述因素在2018年不再有效，且年末行业疲软，2018年金融机构削减奖金。

2018年，纽约市支付给行业雇员的平均奖金为159 800美元，较上一年下跌13%（见图3–3）。平均奖金的下降大于奖金池的下降，因为奖金池被更多的雇员共享。证券从业人员的奖金占总收入的比例为39%，高于其他任何行业。

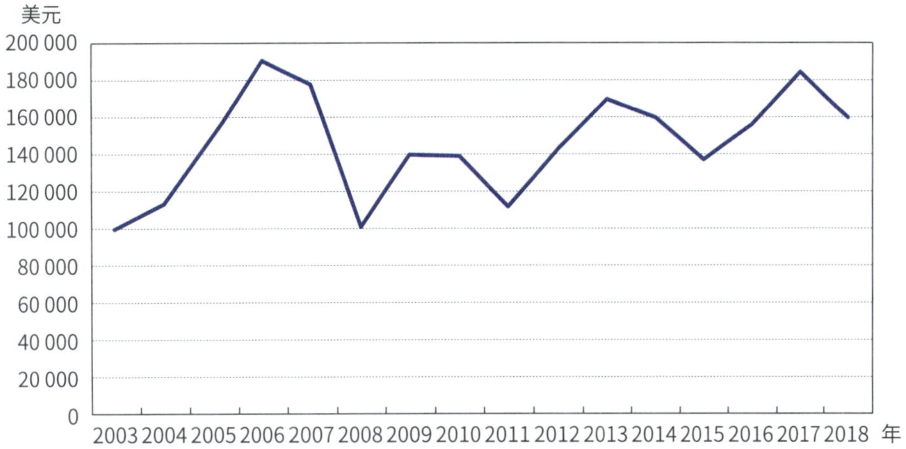

资料来源：OSC.

图3–3 纽约市证券行业人均奖金

2018年纽约市证券业平均工资（包括奖金）下降5.6%至398 600美元。尽管如此，证券业的工资水平依旧在所有行业中最高，几乎是排名第二的银行业（202 200美元）的两倍。2018年，纽约证券业的平均工资是其余私营部门（79 800美元）的5倍。虽然该差异比2007年的6倍有所收窄，但远高于1981年的2倍。

2018年，纽约州证券业的平均工资为382 500美元，两倍于全国其他地区的平均水平（187 400美元）。纽约州的高平均工资反映了高薪酬员工的集中度，如首席执行官。《多德—弗兰克法案》要求上市公司报告首席执行官与行业中位数工资的比率。根据2018年的数据，标普500成分股中总部设在纽约州的金融公司的首席执行官工资与行业中位数比率为224倍，高于全国的184倍。

4. 经济贡献与税收

2018年，纽约市证券业产出占全部经济活动的17%以上，虽然低于之前的25%，该比例依旧高于其他任何行业。纽约州的证券业经济占比为6.5%，全国排名第一，大幅高于排名第二的康涅狄格州（3.8%）和第三名的马萨诸塞州（3.2%）。除此之外，所有其他州的金融部门占其经济比重不到3%（多数低于1%）。

在税收贡献上，证券业是纽约市以及纽约州的主要税收来源。就纽约市而言，OSC的数据显示，2019年纽约市证券业税收收入下降11%至37亿美元，该下降主要是由于奖金和资本利得的下降。就纽约州而言，由于更依赖个人所得税收入，其对华尔街税收收入的依赖超过纽约市。OSC的数据显示，纽约州2018—2019财政年度的税收下降6%至132亿美元。证券业在州所有税收中的份额为17%，较前一年下降1个百分点。

（三）保险业

根据纽约州金融服务局（Department of Financial Services，DFS）统计，2019年由其监管的保险公司超过1 800家，总资产超过4.7万亿美元。其中，财产保险公司超过864家，总资产1.5万亿美元，保费总额4 590亿美元；健康保险公司总资产539亿美元，保费总额512亿美元；寿险公司超过650家，包括134家持牌机构，持牌机构总资产规模达到3.2万亿美元，保费总额约为2 670亿美元[①]。

三、金融市场运行

（一）货币信贷市场

纽约货币市场是纽约短期资金借贷市场，是全球主要货币市场中交易量最大的一个市场，包括联邦基金市场、定期存单市场、国库券市场、商业票据市场和货币市场互助基金等。由于纽约货币市场的主要交易由供求双方直接或间接通过经纪人进行，不存在固定交易场所，因此缺乏权威交易统计数据，对该市场的规模难以准确估计。

在信贷市场上，根据FDIC统计，截至2019年末，纽约州银行机构[②]总资产11 260亿美元，资产质量、资产收益及信贷结构分布详见表3-4。

表3-4 纽约信贷市场及银行机构基本情况

单位：百万美元、家、%

指标	2019年	2018年	2017年
	一般信息		
总资产	1 125 967	1 043 265	1 004 225
新机构数（<3年）	3	1	0
机构数	137	138	141
	资产质量		
逾期及非应计贷款/总贷款（中位数%）	0.88	0.92	1.14
非流动贷款/总贷款（中位数%）	0.47	0.47	0.63
损失准备金/总贷款（中位数%）	0.98	1.01	1.05
损失准备金/非流动贷款（中位数倍数）	1.65	1.55	1.21
净贷款损失/总贷款（中位数%）	0.05	0.05	0.05
	资本/收益		
一级资本杠杆率（中位数%）	10.15	10.23	9.90
资产回报率（中位数%）	0.87	0.91	0.63
税前资产回报率（中位数%）	1.15	1.15	1.05
平均资产准备金率（中位数%）	0.06	0.07	0.08
	流动性/敏感性		
净贷款占总资产比（中位数%）	72.79	71.90	70.09
长期资产占总资产比重（中位数%）	32.33	33.18	32.86
	贷款集中度（中位数，合格总资本百分比）		
商业和工业	51	50	49
商业房地产	235	247	245
住宅房地产	167	181	180
消费	4	5	5
农业	0	0	0

资料来源：FDIC.

① 资料来源：DFS.

② 本表中数据只统计纳入FDIC存款保险范围的机构。

（二）外汇及利率衍生品市场

纽约外汇市场是全球最主要的外汇市场之一。参与者以商业银行为主，包括 50 余家美国国内银行和 200 多家外资银行在纽约的分支机构、代理行及代表处。纽约各大银行与世界各地外汇市场 24 小时保持联系，国际间的套汇和其他交易活动可立即完成。

根据纽联储外汇交易委员会（Foreign Exchange Committee）统计①，2019 年 10 月，北美地区每日场外市场外汇交易量（含即期、远期、外汇掉期、外汇期权）达 8 893 亿美元，较上年同期下降 10.7%（见表 3–5）。从交易工具来看，除外汇期权外，其他交易工具交易量均呈现下降态势。从市场参与者来看，“非金融客户”“申报交易商”“其他交易商”“其他金融客户”的交易额分别较前一年有所下降。从交易货币对来看，交易增幅最大的是英镑 / 美元货币对，交易量较前一年增加 218 亿美元，降幅最大的是美元 / 日元货币对，交易量较前一年减少 332 亿美元。从交易币种来看，美元在全部交易中占比 89.2%，欧元占比 29.7%，日元占比 18.3%（见表 3–6）②。

在利率衍生品市场（包含远期利率协议、利率掉期、利率期权及其他利率衍生品）上③，根据 2019 年 4 月的统计，纽约市场日交易量达到 24 440 亿美元，较 2016 年同期上升 83%。

表 3–5　北美每日外汇交易量

单位：百万美元、%

交易工具	2019 年 10 月	2018 年 10 月	增长率
即期交易	358 300	453 431	–21.0
远期交易	192 945	206 955	–6.8
掉期交易	277 322	277 837	–0.2
外汇期权	60 751	57 205	6.2
合计	889 318	995 428	–10.7

资料来源：Foreign Exchange Committee，FX Volume Survey Results，2019.

表 3–6　近年来全球主要外汇交易币种市场占比

单位：%

币种	2019 年	2018 年	2017 年	2016 年	2015 年	2014 年	2013 年	2012 年
美元	89.2	87.0	87.3	87.4	88.7	87.7	89.2	89.3
欧元	29.7	30.7	32.0	30.5	30.6	32.4	31.6	32.5
日元	18.3	19.3	19.1	20.2	—	—	—	—
其他	62.8	63.0	61.6	61.9	80.7	79.9	79.2	78.2
合计	200.0	200.0	200.0	200.0	200.0	200.0	200.0	200.0

数据来源：Foreign Exchange Committee，FX Volume Survey Results，2019.

① 数据来源：Foreign Exchange Committee，FX Volume Survey Results，2018.

② 双向计算，即总和为 200%。

③ Federal Reserve Bank of New York，The Foreign Exchange and Interest Rate Derivatives Markets：Turnover in the United States，April 2016。报告数据每三年更新一次，最新数据于 2019 年 10 月更新。

（三）股票市场[①]

纽约主要的股票市场包括纽约—泛欧交易所集团美国中心（NYSE Euronext US）[②]、纳斯达克市场（NASDAQ OMX）等。

纽约—泛欧交易所集团美国中心：它是美国和世界上最大的证券交易市场。截至2019年末，纽约—泛欧交易所集团美国中心证券市场市值为23.33万亿美元，较上年末上升12.8%。其股票市值超越排名第二和第三位交易所上市公司市值的总和（见图3–4）。

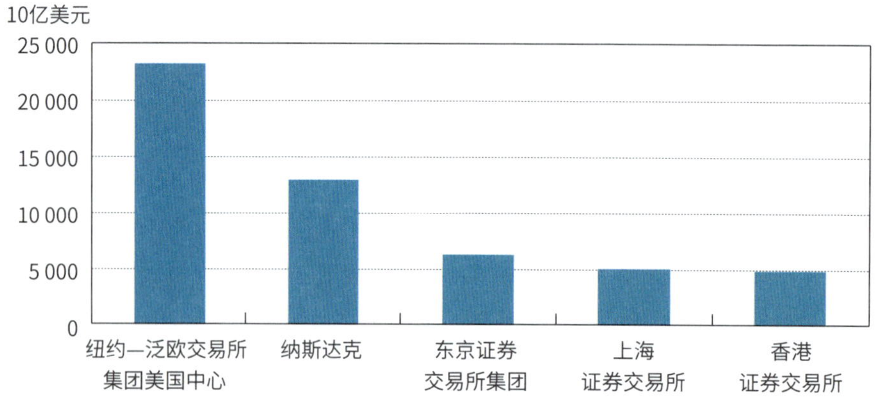

数据来源：WFE.

图3–4　2019年末全球主要股票交易所市值情况

同期，纽约—泛欧交易所集团美国中心上市公司数目为3 380家，较上年末增加1 095家。在上市公司国别上，本国企业2 872家，外国企业508家。上市的外国企业数量占全球证券交易所第二位，较第一位的维也纳证券交易所少199家。

在股票市场融资规模上，2019年，纽约—泛欧交易所集团美国中心股票市场IPO融资共35起，融资规模约208.36亿美元，融资量低于香港证券交易所（403亿美元）、沙特证券交易所（267亿美元）、上海证券交易所（265亿美元）和纳斯达克（262亿美元），排名第五。其中，选择纽交所进行IPO的中国企业有4家，较上一年度减少15家。这4家中国企业的融资金额为7.89亿美元，低于上一年的41.21亿美元。

从股票成交金额的规模来看，2019年，纽约—泛欧交易所集团美国中心位居全球第二，股票交易值为12.49万亿美元，成交金额占全球比重为10.87%。

基础股票之外，纽约—泛欧交易所集团美国中心在部分证券衍生品交易上也位居全球前列。例如，2019年，该交易所ETF期权的成交合约数为3.04亿张，位居全球第三；股票期权成交合约数为3.66亿张，位居全球第五。

① 数据来源：如非注明，本节数据均来自WFE。

② 2013年，纽约泛欧交易所集团被洲际交易所集团收购，后者成为涵盖利率、股票及股票衍生品、信贷、债券、外汇、能源、金属及农产品的领先交易市场网络。

纳斯达克：2019 年末，纳斯达克共有 3 140 家上市公司，其中外国公司 456 家。市值总规模达到 13 万亿美元，位居全球第二。在股票市场融资规模上，2019 年，纳斯达克 IPO 上市公司数量为 145 家，融资规模为 261.54 亿美元。股票成交金额规模上，纳斯达克继续位居全球第一，其 2019 年交易规模为 39.68 万亿美元，全球占比为 34.53%[①]。

另外，纳斯达克市场在部分证券衍生品交易上位居全球前列。例如，2019 年，纳斯达克市场股票期权、ETF 期权成交合约数分别为 8.26 亿张和 4.80 亿张，分别位居全球第三和第一。

（四）债券市场[②]

纽约债券市场规模庞大、种类丰富。美国证券业及金融市场协会（Securities Industry and Financial Markets Association，SIFMA）的数据显示，2019 年末美国债券市场存量约为45万亿美元，较上年末上涨4.65%。债券市场种类丰富：从信用等级来看，既有国债等信用程度高的债券，也有小型公司发行的“垃圾债券”；从发行主体来看，有国债、市政债券、抵押贷款相关债券、资产支持债券、企业债券、联邦机构证券、货币市场工具等（见图 3–5）；衍生金融工具支持上，有信用违约互换（CDS）和债券抵押债务凭证（CBO）等一大批金融工具起到分散风险和推动交易作用。纽约债券市场是美联储进行公开市场操作的重要场所。债券交易既可以在场外进行，也可以在证券交易所内进行，但场外市场是债券交易的主要市场。

2019 年，美国债券发行量共为 8.19 万亿美元，较 2018 年上升 10.58%。其中，国债、抵押贷款相关债券、企业债券发行量占据前三位（见图 3–6），分别为 2.94 万亿美元、2.12 万亿美元和 1.42 万亿美元。

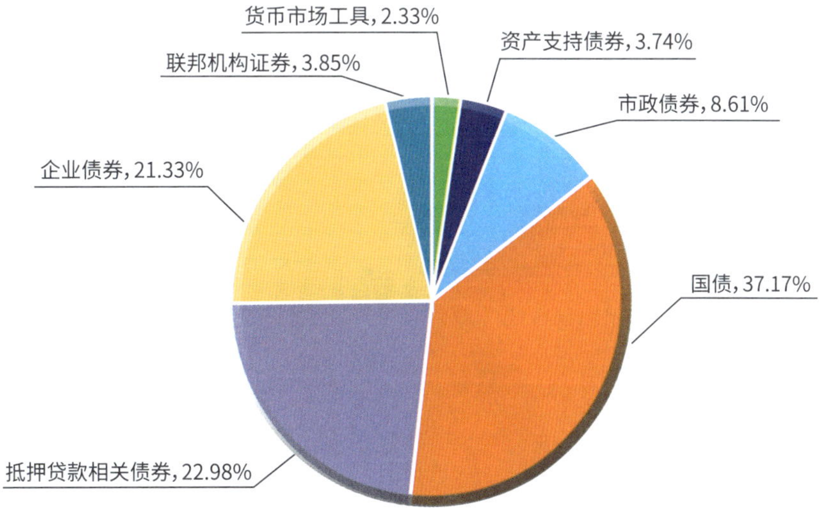

数据来源：SIFMA.

图 3–5 2019 年美国债券存量结构

① 数据来源：WFE；NASDAQ 网站。
② 美国债券市场主要以场外市场为主，并不存在一个完全地理上在纽约的“市场”。但纽约仍是债券交易的主要中心，因此本部分以全美债券市场数据来说明情况。

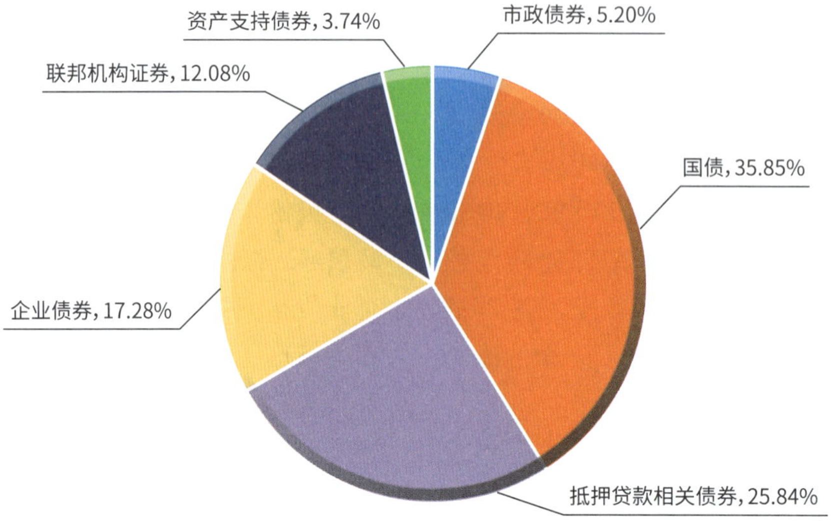

注：因为四舍五入的原因，百分比加总不为 100%。
数据来源：SIFMA.

图 3–6　2019 年美国债券市场发行结构

从债券市场交易量来看，美国债券市场交易十分活跃。由于以场外交易为主，加之双边报价商制度和电子交易系统普遍应用、债券做市商制度健全，美国债券市场成为全球流动性最高的市场。2019 年，美国债券市场日均交易量 8 949 亿美元，较上年上升 9.67%。其中，国债排名第一，占交易总量比重为 66.33%；机构抵押支持债券（MBS）位居第二，占比 27.67%；余下为企业债券、市政债券等（见图 3–7）。

此外，美国债券市场投资者结构较为均衡，主要有银行、基金、个人、保险公司以及国际投资者等。近年来，以欧亚地区投资者为主的国际投资者持有的美国债券比例逐步上升。另外，债券市场收益率曲线比较完备，为国内外投资者提供了重要参考。

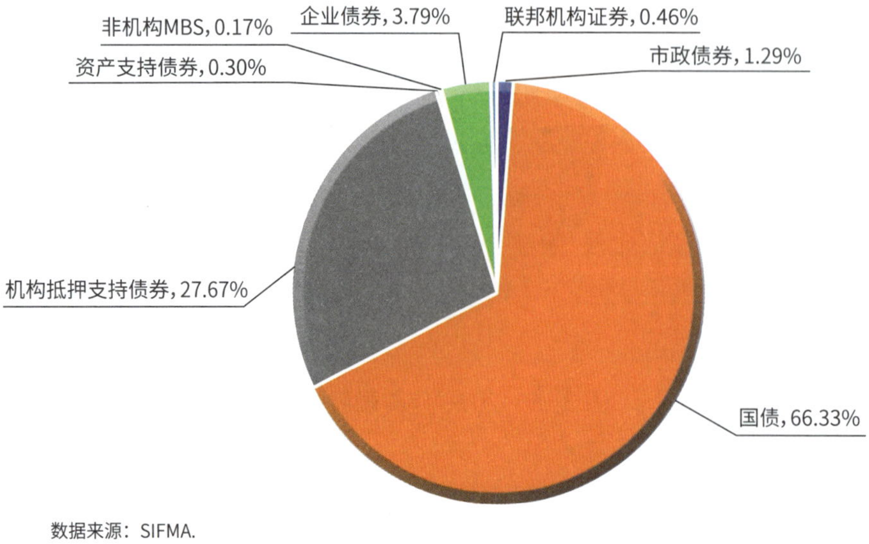

数据来源：SIFMA.

图 3–7　2019 年美国债券市场交易结构

（五）商品期货市场

纽约主要的商品交易所是纽约商品交易所，曾为世界上最大的商品期货交易所之一，于2008年被芝加哥商业交易所（Chicago Mercantile Exchange，CME）集团收购，目前主要由两个分支机构——纽约商业交易所（New York Mercantile Exchange，NYMEX）和纽约金属交易所（Commodity Exchange，COMEX）组成。其中，NYMEX主要侧重于交易能源产品、白金和钯等期货期权合约；而COMEX主要交易金、银、铜和铝等期货期权合约，COMEX是美国乃至全球最大的黄金期货、期权及其他衍生产品的交易场所。

2019年，纽约商品交易所日均成交期货合约304.3万手[①]，较上年下降1.7%，约占CME集团总体交易量的16.6%，占比较上年下降0.7个百分点。尽管交易总量在全球并不具备显著优势，但在部分交易品种上，纽约商品交易所仍居支配地位。从交易量来看，在全球交易量排名前20位的能源期货期权合约中，纽约商品交易所占据6席，其中，NYMEX的WTI Light Sweet Crude Oil Futures和Henry Hub Natural Gas Futures分别位于第2位、第6位。而在全球金属业期货期权交易量排名中，纽约商品交易所占据前20位中的2席，Comex Gold Futures和Comex Copper Futures分别处于第5位、第20位（见表3–7）。[②]

表3–7　纽约商品交易所主要产品交易量及增速

单位：百万手、%

合约名	能源排名	2019年	2018年	增长率
WTI Light Sweet Crude Oil（CL）Futures	2	291.47	306.61	−4.9
Henry Hub Natural Gas（NG）Futures	6	103.39	114.26	−9.5
RBOB Gasoline Physical（RB）Futures	12	49.85	49.61	0.5
NY Harbor ULSD（HO）Futures	13	43.40	46.28	−6.2
Crude Oil（LO）Options	15	31.25	44.52	−29.8
Brent Crude Oil Last Day Financial Futures	17	25.62	21.83	17.4
合约名	金属排名	2019年	2018年	增长率
Comex Gold Futures	5	86.51	80.30	7.7
Comex Copper Futures	20	24.01	32.71	−26.6

数据来源：FIA 2019 VOLUME SURVEY.

四、金融监管

美国金融管理体系及监管标准十分庞杂。联邦金融监管的立法权在国会，主要法案包括《联邦储备法》《银行控股公司法》等机构法，以及《格拉斯—斯蒂格尔法》《多德—弗兰克法案》等金融行业发展方面的法案。上述法律规章主要收录于《美国联邦监管法

① 数据来源：CME Group，Market Data，Daily Exchange Volume and Open Inte/ monthly Volume Reports. Webmthly.

② 数据来源：FIA，2018 VOLUME SURVEY.

典》（*Code of Federal Regulations*，CFR）。此类法律为根本性、系统性的金融监管法案，一般调整较少。2017 年以来，此类法案中最大的调整为《多德—弗兰克法案》的修订工作。2018 年 5 月，特朗普正式签署改革 2010 年《多德—弗兰克法案》，这是 2010 年至今美国最大的金融监管改革。本次法案修改旨在为中小型银行减轻监管压力。

在《多德—弗兰克法案》诸多条款中，第 619 章——沃尔克规则，是最具争议的条款之一。2019 年 8 月 20 日，美国联邦存款保险公司和美国货币监理署批准了针对沃尔克规则的修订。此次修订的内容主要有：一是明确自营交易范围；二是简化银行判断相关交易是否合法的程序；三是大型商业银行不再需要向监管机构证明持有时间 60 天以内的交易不是为了自己的短期利润，此前需要向监管机构证明，否则交易将违反沃尔克规则；四是交易资产和负债在 10 亿美元以下的银行，不再需要向监管机构证明它们的交易符合沃尔克规则。

除沃尔克规则的修订之外，从监管机构具体管理规章来看，2019—2020 年，美国金融监管机构推出了众多的监管措施，对纽约金融机构和金融市场的运行产生了一定的影响。

（一）银行业监管

美国有联邦和州政府两级银行业监管机构。联邦政府主要有五个监管机构：美国货币监理署（Office of Comptroller of Currency，OCC）、联邦存款保险公司（Federal Deposit Insurance Corporation，FDIC）、美国联邦储备体系（Federal Reserve System，FED）（以下简称美联储）、储蓄机构监管署（Office of Thrift Supervision，OTS）和国家信用社管理局（National Credit Union Administration，NCUA）。联邦之外，州政府设立银行监管机构，行使对银行体系的监管职责。

美国货币监理署（OCC）：2019 年期间，OCC 通过推动一系列优先事项，确保联邦政府银行系统安全、合理、公正的运行。这些事项包括：（1）推动《社区再投资法案》（*Community Reinvestment Act*，CRA）的现代化监管；（2）鼓励联邦银行系统向消费者提供更多的短期小额贷款；（3）在保护金融体系的同时减轻《银行保密法》（*Bank Secrecy Act*，BSA）和反洗钱（Anti-money laundering，AML）的合规负担；（4）简化社区银行和中小银行的资本要求；（5）修订沃尔克规则。一是明确自营交易范围；二是简化银行判断相关交易是否合法的程序；三是大型商业银行不再需要向监管机构证明持有时间 60 天以内的交易不是为了自己的短期利润，此前是需要向监管机构证明，否则交易将违反沃尔克规则；四是交易资产和负债在 10 亿美元以下的银行，不再需要向监管机构证明它们的交易符合沃尔克规则。

2019 年，OCC 在监管方面的主要工作包括：（1）发布 2019 财年银行监管运营计划，内容涵盖网络安全、商业和零售信贷承销、BSA 和 AML 的合规管理、产品提供的内部控制和端对端流程。（2）向少数民族存款机构（Minority Depository Institutions，MDIs）提供技术援助和其他资助，协助其满足法律要求。（3）法律条款的颁布，如修订掉期交易商有关最低保证金和资本要求、修订规则将高流动性投资级市政债券视为优质流动资产、颁布《经济增长、放松监管和消费者保护法案》第 205 条的实施规则，简化监管小型机构的报告要求、修订沃尔克规则等。

（4）许可授权。2019 年 OCC 收到各类许可申请数达 924 项，较 2018 年增加 134 项。审核完成 888 项，其中 867 项通过，21 项条件通过。（5）执法行动。2019 年 OCC 共参与 176 项执法行动，判处罚金 1.26 亿美元[①]。

联邦存款保险公司（FDIC）：截至 2019 年 12 月底，FDIC 投保存款余额达到 7.7 万亿美元，分属于 5 177 家机构；实际监管 3 338 家机构，并管理 248 个活跃的破产接管机构[②]。2019 年，FDIC 专注于三个主要目标：（1）通过现代化的监管方式加强银行体系建设，力求在保持安全性的同时加强系统的效率和透明度。一是更新旧的监管规则，使其符合金融服务行业技术、商业模式和产品的重大变化，如对经纪存款监管框架的审核及修订。二是与其他监管机构（OCC）合作发布提案，增强《社区再投资法案》（CRA）的现代化监管。该提案明确 CRA 信贷的范围，旨在鼓励对低收入和中等收入社区的信贷投放。三是推动科技在监管领域的应用，以降低 FDIC 的监管成本以及金融机构尤其是社区银行的合规成本。（2）定制法规以确保其与机构的风险相称。2019 年，FDIC 根据《经济增长、放松监管和消费者保护法》完成其法定规则的制定。其中一条准则提出四类基于风险的资本和流动性要求。基于该准则，大型系统重要性的机构需遵守最严格的标准，而其他机构则根据各自的风险度遵循不同的要求。与此同时，FDIC 正在采取措施减轻社区银行的监管负担，确保社区银行将更多的精力集中在业务上，如用简单杠杆率替代基于风险测量的杠杆率。（3）鼓励 FDIC 和社区银行的创新。2019 年，FDIC 建立了技术实验室（FDiTech），以消除与创新相关的监管不确定性并提供技术支持。FDiTech 直接与社区银行合作，通过一系列圆桌会议讨论技术发展对其业务的影响，以协助社区银行的科技转型。

美联储：2019 年，除货币政策正常化操作之外，美联储单独以及与其他监管机构联合推出了众多监管举措。

在金融稳定方面，2019 年美联储的主要工作包括监测金融风险，并继续致力于国内和国际合作协调以促进系统性金融稳定。

在监督及监管方面，美联储积极开展各类审查和监测，确保金融机构安全合规运营。这些审查包括对金融机构风险管理系统、财务状况以及合规性的评估。审查主要集中在以下五个方面：一是资本评估和压力测试。2019 年，美联储对 18 家大型银行进行资本评估。压力测试的结果表明，大型银行拥有充足的资本金应对假设的衰退。二是信息技术审查。2019 年，美联储对金融机构进行了信息技术活动（包括网络）审查，并对技术提供商提供统一信息评级系统。三是信托审查。2019 年，美联储对银行和非存款信托公司进行 119 次信托审查。四是其他各类审查，审查对象包括过户代理、市政证券交易商、证券信贷商等。五是网络完全和关键基础设施检查。除各类审查外，美联储还开展监管评估、培训及技术支持、国际监管合作等一系列维护金融系统稳定的活动。

在消费者和社区事务方面，2019 年美联储的工作包括：（1）制定以消费者为中心的监督和管理政策，确保金融机构遵守消

① 该罚金不包括对客户的赔偿。
② 数据来源：FDIC Annual Report，2018.

费者保护法规和社区再投资法规。(2) 编写和审查消费者保护和社区再投资的法律法规。(3) 进行数据收集和研究分析，评估消费者和社区发展动态，以明确决策机会和风险。

在新法案实施上，2019 年，美联储在《经济增长、放松监管和消费者保护法》出台后，颁布了一系列实施条例，包括提高美国大型银行压力测试计划透明度的条例、综合资本分析和审查中限制使用“定性异议”的条例，以及减轻中小银行合规成本的条例等。

纽联储：作为美联储中最重要、最具影响力的储备银行，纽联储承担着执行货币政策的任务。其资产负债表反映了联邦公开市场委员会（Federal Open Market Committee，FOMC）的政策指引和市场状况。2019 年，全球经济增速放缓、贸易保护主义与多重不确定性因素相互叠加，给美国和全球经济前景蒙上阴影。随着美国经济增速持续放缓，下行压力增加，FOMC 一改此前的“加息”和“缩表”政策，进行了 10 年来首度降息和 7 年来首度扩表。截至 2019 年末，分配至纽联储的公开市场系统账户（System Open Market Account，SOMA）中的资产份额为 2.27 万亿美元，较 2018 年末增加 375 亿美元，反映出央行系统资产负债表的扩张趋势。在具体资产构成中，以国库券、抵押支持证券为主，其余额为 2.1 万亿美元，低于 2018 年末的 2.2 万亿美元[①]。除货币政策操作执行之外，纽联储也是联储系统中最有力的监督者，其在 2019 年继续支持美联储促进金融稳定的使命，并提供安全有效的金融服务。

专栏 10　2019 年 9 月美国货币市场利率突破政策利率区间的原因及美联储应对措施

2019 年 9 月 16 日，在无突发事件情况下，美国货币市场信用利率和抵押利率同时飙升，出现历史上少见的大幅波动。引起利率上升的原因只是常规性事件，但当时市场和政策背景放大了其对市场的影响。美联储在 9 月 17 日上午随即采取应对措施，货币市场利率于 9 月 18 日回到政策目标区间。

一、2019 年 9 月货币市场利率突破政策利率区间

2019 年 9 月 16 日至 17 日，美国货币市场利率出现多年未见的大幅波动。美国货币市场利率主要为有效联邦基金利率（EFFR）和担保隔夜融资利率（SOFR），前者是信用利率，也是美联储政策调控利率，后者是 2015 年 12 月设立的以美国国债为抵押的担保利率，正逐渐替代美元 Libor 成为美元新基准利率。纽联储通过公开市场操作，保持这两个市场利率处于货币政策利率区间。从数据看，SOFR 比 EFFR 波动幅度更大，SOFR 还存在季末波幅较大的特点，但日内波动基本在 20 个基点之内。

9 月 16 日，SOFR 升至 2.43%，比前

① Consolidated Statements of Condition，Federal Reserve Bank of New York，2019 Annual Report.

一交易日高出 13 个基点。回购市场资金紧张很快传导到联邦基金市场，EFFR 也达到 2.25%，高于前一交易日 11 个基点，并处于政策利率区间上限[①]。9 月 17 日，EFFR 突破政策利率区间上限，达到 2.3%，而 SOFR 更是达到 5%。

二、货币市场资金紧张的原因分析

2019 年 9 月，美国货币市场资金紧张有两个较为明显的原因。一是 9 月 16 日是公司季度纳税支付时点，所以公司会将银行和货币市场基金账户的资金转移支付到美国财政部在美联储的账户。二是 9 月 16 日美国财政部向市场拍卖了 540 亿美元长期国债，因此一级交易商持有的美国国债余额增加，流动性资金减少。由于公司纳税和国债发行吸收了市场上大量流动性资金，银行准备金在两个交易日内减少 1200 亿美元。但是这两个因素都是市场可预见的常规性事件，尚不足以造成货币市场利率如此大幅波动，说明还存在其他因素放大了这两个事件的影响。

首先，国债余额处于历史高位，银行存款准备金则为几年来低点，美联储资产负债表持续扩张后正在缩表，这些都增加了市场流动性需求。其次，回购市场借款需求弹性较低，资金成本被大幅推高。最后，资金出借方由于自身现金流和市场环境的不确定性，不愿意提高贷款额度。作为资金提供方的银行，由于监管和内部风险控制要求，即使市场利率较高，也不愿意额外发放贷款。

三、美联储应对措施

为尽快使货币市场利率回到政策利率区间，特别是 9 月 16 日 EFFR 已达到政策利率目标区间上限，美联储采取了一系列应对措施。9 月 17 日上午 9 点半，纽联储交易室进行隔夜回购操作，抵押品范围为美国国债、政府机构债券和政府机构抵押支持债券，该操作提供了 530 亿美元的流动性。之后一个星期，纽联储每天上午进行最高为 750 亿美元的隔夜回购，向市场注入流动性。隔夜利率在此期间保持稳定，EFFR 回到政策利率区间。

9 月 19 日，联邦公开市场委员会（FOMC）议息会议第二天，美联储调整了超额存款储备金利率（IOER）和隔夜逆回购利率（ON RRP）。一是将 IOER 调整到低于政策利率区间上限 20 个基点。二是将 ON RRP 调整到低于政策利率区间下限 5 个基点。美联储将 IOER 降到政策利率区间内，减少 EFFR 超出政策利率区间上限可能性。

为维持流动性充裕，10 月 11 日，美联储宣布向市场注入资金的两项操作。第一，美联储每月购买 600 亿美元短期国债，该操作将持续到 2020 年第二季度。第二，美联储将隔夜和定期回购操作期限延长到 2020 年 1 月。

四、结论

从历史数据看，常规事件尚不足以引发 2019 年 9 月美国货币市场利率如此大幅波动，但当时市场以及财政和货币政策背景起到了一定的放大作用，市场之间相互影响。当货币市场利率波动较大时，央行需要实时监测货币市场利率并及时采取技术性措施，使市场利率尽快回归目标区间。

---

① 当时政策利率（联邦基金利率）目标区间为 2%~2.25%。

（二）证券期货业监管

美国各类证券市场及证券业主要由证券交易委员会（Securities and Exchange Commission，SEC）、美国金融业监管局（Financial Industry Regulatory Authority，FINRA）[①]、商品期货交易委员会（Commodity Futures Trading Commission，CFTC）以及市政债券决策委员会（Municipal Securities Rulemaking Board，MSRB）等不同监管机构监管。

证券交易委员会（SEC）：SEC的使命是保护投资者，维护公平、有序、高效的市场，并促进资本形成。（1）保护投资者。2018年2月，SEC执法部发起“股份类别选择披露倡议”（Share Class Selection Disclosure Initiative），该倡议于2019年得以实现。2019年3月，依据“股份类别选择披露倡议”，SEC命令79名投资顾问向受影响投资者返还1.25亿美元。2019年9月，SEC命令16名投资顾问向投资者返还1 000万美元。此外，为保护投资者合法权益，执法部致力于让投资者的损失尽快得到赔偿。2019财年，投资者累计获赔11.97亿美元，创历史新高。（2）维护公平、有序、高效的市场。近年来，美国SEC执法部门集中执法资源和专业知识，对分布式账本技术（区块链）、网络入侵和黑客攻击等与网络相关的违法行为进行了重点关注。首先，在首次代币发行（ICO）和数字资产方面，2019年，执法部调查了分布式账本技术和数字资产的使用情况。随着这一市场的成熟，美国证监会在ICO领域的执法行动也随之展开。三起针对ICO违反美国证券法注册要求的指控已经达成和解，这也为未来此类案件的处理搭建了基本框架。达成和解的ICO发行人同意建立投资者损失赔偿机制，并根据美国《证券交易法》的规定对代币进行注册，履行相关报告义务。其次，在保护系统免受网络威胁方面，网络部以及执法部继续将重点放在对上市公司和受监管实体的网络安全威胁上。其中典型案例包括SEC指控美国期权清算所，未能制定涉及金融风险管理、运营要求和信息系统安全的政策和程序，而且在未获得监管机构批准的情况下改变其核心风险管理的政策。最后，在利用大数据调查违法交易上，在过去的一年中，基于对海量交易数据、通信数据的大数据分析，美国证监会得以对重大的违法案件提起指控。例如，通过大数据统计，分析看似无关的参与者之间的联系，对重大未公开信息披露之前的内幕交易作出指控。（3）促进资本形成。SEC采取多项措施，帮助包括小型公司在内的公司参与资本市场。

美国金融业监管局（FINRA）[②]：2019年，FINRA一直秉持其多年以来保护投资者、维护市场公平的使命，并不断探索创新监管实践。其主要监管措施包括：一是推进监管转型。继续技术改造监管，通过采用有效技术解决方案支持监督方式转型，保护投资者和维护市场诚信。二是聚焦公司监管检查，进而推进更为全面有效的市场监督体系建设。事实上，FINRA在监管美国经纪自营商方面发挥着至关重要的作用。2019年，FINRA平

① 它是美国最大的非政府的证券业自律监管机构，于2007年7月30日由美国证券商协会与纽约证券交易所中有关会员监管、执行和仲裁的部门合并而成，它主要负责证券交易商与柜台交易市场的行为，以及投资银行的运作。

② 数据来源：FINRA，Annual Financial Report，2019.

均每天监测715亿次市场活动。此外，全年开展超过6 740个检查项目，监管处罚金额合计0.40亿美元，返还受害投资者0.28亿美元。另外，6家公司被处以退市，415个经纪人/机构被处以暂停开展业务，348个经纪人/机构被禁止业务准入。三是与SEC等其他联邦、州监管机构密切配合，提升监管综合效率。2019年，FINRA与其他执法机构联合提起827例案件诉讼。四是积极提升市场的公正度和透明度。FINRA投资者教育基金会自成立以来，已支付超过1.2亿美元资金用于财务能力和欺诈预防相关教育培训；另推出老年人证券热线，自2015年4月开通以来至2019年12月，共为老年投资者追回超700万美元损失。

商品期货交易委员会（CFTC）[①]：CFTC主要负责监管美国衍生品市场，包括大宗商品期货、期权以及掉期交易等。2019年，CFTC的主要任务集中在以下几个方面。(1)加强执法。执法部门继续致力于维护市场诚信、保护客户权益、促进个人问责，以及加强与其他监管机构的合作。全年共开展69项执法行动，民事罚款总额达2.05亿美元。执法行动数和罚款总额较2018年有所下降。(2)推动科技创新。CFTC的金融创新实验室（LabCFTC）旨在促进市场创新，为政策制定提供信息，并确保CFTC拥有完备的技术和监管工具以跟上市场变化的步伐。2019年，LabCFTC启动加速器计划，通过内部试点和测试、市场研究和创新竞赛，促进新技术的使用。此外，LabCFTC还牵头举办第二届金融科技展望大会，探讨金融科技的最新发展，如数字资产、大宗商品平台、监管科技、机器学习和人工智能等。（3）消费者教育。不断变化的数字环境也为欺诈带来了新的机遇。2019年，CFTC继续打击来自社交媒体、移动应用程序和欺骗性网站的欺诈活动，以打造合法的交易平台。

市政债券决策委员会（MSRB）：面对3.9万亿美元的市政债券市场，作为自律组织，MSRB一直致力于维护市政债券市场的公正有序。2019年，MSRB主要推出了以下管理举措。一是推动现代化监管。MSRB重新审视已有规则，以确保规则能跟上技术的发展和市场的演变。二是根据市场需求提供合规支持。为推动G–40规则的实施，MSRB通过研讨会、在线课程和社交媒体帮助市政顾问对新规则的理解。三是继续加强EMMA[②]网站建设。根据用户反馈，MSRB改善网站搜索引擎，通过预测搜索的方式缩短用户访问数据和披露的时间。四是利用其作为自律组织的角色，加强公众对市政债券市场的了解，并为市场参与者提供资源以满足其财务决策需求。

（三）保险业监管

纽约保险业监管主要分为三个层面：一是州立法机关制定的保险法规。二是司法监督管理，主要由州立法院在保险合同双方发生纠纷后进行判定实现。三是行政监督管理，目前主要由纽约州金融服务局（Department of Financial Services，DFS）承担。2019年，

① 数据来源：CFTC，Agency Financial Report，2019.

② 全称是Electronic Municipal Market Access。该网站作为市政市场数据和信息披露的集中来源，已成为满足投资者、发行人和所有市场参与者信息需求的重要工具。

纽约市保险业监管基本制度框架变化不大，监管机构主要在一些具体的领域开展工作。一是全力加强金融业网络安全。2019 年，美国保险监督官协会（National Association of Insurance Commissioners, NAIC）通过一项基于 DFS 网络安全法规的数据安全示范法，该法规已被 8 个州采用。二是加强现代化运作和金融服务监管。三是加强金融消费保护，对侵害消费者利益的保险公司给予重罚。2019 年，DFS 完成了对六家保险公司的处罚，这六家保险公司在消费者年金置换中存在违规现象，未能向消费者披露适当的收入比较和适宜的信息，导致消费者将经济上更有利的递延年金置换成即时年金①。

① 资料来源：DFS.

第四章
伦敦国际金融中心发展情况

伦敦是英国国内和全球金融的核心，凭借独特的地理位置优势和良好的法治环境，汇聚了优秀的国际金融人才和众多金融服务相关企业，具有举足轻重的影响力。伦敦金融城金融市场高度成熟，拥有全球最大的外汇交易市场、全球第二大场外利率衍生品交易市场、全球第二大法律服务业、全球第四大银行部门，国际基金管理行业也在全球名列前茅。伦敦还是欧洲对冲基金、私募股权基金、私人银行、交易所交易衍生品中心。

一、经济金融社会发展概况①

伦敦作为强大的地区和国家中心，通过扩大人才库，为金融及相关专业服务公司提供增长机会，提高了全球吸引力。伦敦具有英国国内和全球金融的核心地位。2018 年，英国金融及相关专业服务行业对经济产出的总贡献值占到 10%，并为英国带来 841 亿英镑的贸易顺差。平均每个金融服务的岗位能贡献超过 12 万英镑的经济产出，在英国人均产能中排名第二，仅次于地产行业。英国金融服务业在 2018—2019 财年的税收收入为 755 亿英镑，占总税收的 10.5%，相当于英国 GDP 的 3.5%。

发达的金融和先进的相关专业服务为英国创造了大量的就业岗位。在英国，平均每 14 个人中就有 1 人从事金融和相关专业服务，参与相关行业的总人数超过 230 万人，其中有大约三分之一的从业人员位于伦敦。英国金融服务业的就业人数达到 110 万人，其中银行业 38 万人，保险业 30.5 万人，基金管理业 4.8 万人，其他金融服务业 31.5 万人。金融相关的专业服务的就业人数有 120 万人，管理咨询行业 51.9 万人，财会类 41.8 万人，法律服务 33.8 万人。

英国金融服务业是吸引外国直接投资（FDI）的关键领域，据统计，2009—2018 年，英国金融服务业的年均 FDI 占所有行业 FDI 的 33%。2018 年金融服务业 FDI 为 153 亿英镑，超过英国 FDI 总额的 50%。

英国国家统计局（Office of National Statistics，ONS）公布的数据显示，2018 年伦敦金融和保险行业共实现增加值 674 亿英镑，占伦敦经济增加值的 15%；英国金融和保险行业共实现增加值 1 207 亿英镑，占英国经济增加值的 7%。

二、金融服务业与金融机构

（一）银行业

伦敦是全球最大的国际银行业务中心。国际银行业务成为全部银行业务的中流砥柱，英资银行大约有一半的资产是海外资产。伦敦也是最重要的私人银行和投资银行中心之一。包括美国银行、美林、瑞士信贷、高盛、摩根大通等众多国际银行都在伦敦开展私人银

① Key Facts About UK-Based Financial and Related Professional Services. April 2020.

行和投资银行业务。伦敦还是外资银行的中心，拥有超过250家外资银行及其分支机构。[①]

英国是世界上最大的跨境银行业务中心，截至2019年第二季度，拥有全球16%的国际银行贷款余额。英国还是最大的跨境借贷中心，占到全球借款总量的18%。截至2018年底，英国银行业资产总额为10.7万亿美元，位居欧洲第一、世界第四，仅次于中国（29.7万亿美元）、美国（16.8万亿美元）和日本（11.5万亿美元）。

英国银行业提供广泛的金融产品和服务，不断提高的服务效率促进了银行开户的普及程度，英国的账户拥有率达到99%。近年来，金融服务公司投资了数十亿英镑在互联网和移动银行以及非接触式支付等创新服务上，零售金融正经历一场数字化支付的革命。过去十年中，支票支付数量下降了74%，网上银行的普及率上升了32%，48%的用户使用移动客户端访问银行账户。2018年，非接触式支付卡的年交易额达到74亿笔，同比增长31%。

根据英格兰银行统计，2019年末，英国本地银行持有的金融衍生品资产为24 561.32亿英镑，金融衍生品负债为24 117.76亿英镑，净头寸为443.56亿英镑。其中，外资银行持有的金融衍生品资产为9 927.13亿英镑，占资产总额的40.42%；负债为9 495.74亿英镑，占负债总额的39.37%（见表4–1）。

表4–1 英国本地银行持有的金融衍生品头寸

单位：百万英镑

机构类型	2019年末		2018年末		2017年末	
	资产	负债	资产	负债	资产	负债
本地银行及建筑协会	450 368	453 384	451 042	454 681	443 816	444 093
英国公共部门	2 501	2 222	9 000	1 410	2 915	1 386
其他金融机构	567 442	567 741	439 203	435 643	680 541	684 487
英国其他机构	25 209	15 595	32 595	23 321	38 969	25 105
外资银行	992 713	949 574	914 351	876 796	832 090	800 850
其他外资机构	417 899	423 261	465 821	462 990	510 714	506 343
合计	2 456 132	2 411 776	2 312 011	2 254 842	2 509 045	2 462 265

数据来源：英格兰银行，Bankstats Tables, 表F1.1.

（二）证券期货业

截至2019年12月末，伦敦证券交易所集团共有2 055家上市公司，总市值为4.18万亿美元。伦敦证券交易所集团拥有384家外资上市公司，全球排名第四，仅次于维也纳证券交易所（707家）、纽约—泛欧交易所集团（508家）和纳斯达克（456家）[②]。

2019年，伦敦证券交易所集团电子订单交易达4.39亿笔，较2018年下降24.23%，

① Key Facts about the UK as an International Financial Centre，2019；Key Facts about UK–Based Financial and Related Professional Services.

② 数据来源：WFE.

交易额为 109.75 万亿英镑，较 2018 年增长 26.84%。其中，英国订单为 2.21 亿笔，成交金额为 1.19 万亿英镑，较 2018 年分别减少 19% 和 18%。意大利订单为 7 152 万笔，成交金额为 5 893 亿英镑，较 2018 年分别下降 9% 和 11%。在 2019 年伦敦证券交易所电子订单交易中，MTS 回购协议成交金额最高，达 99.77 万亿英镑，较 2018 年增长 29%，占全年电子交易总额的 91%，较 2018 年上升 2 个百分点。从 2019 年日均交易看，英国和意大利电子订单分别达到 87.29 万笔和 28.38 万笔，成交金额分别为 46.97 亿英镑和 23.38 亿英镑。①

英国是全球衍生品交易中心，多个国际领先的衍生品交易所集聚伦敦，其中包括全球最大的有色金属交易所伦敦金属交易所（London Metal Exchange，LME）、欧洲最大的能源期货交易所 ICE 期货欧洲交易所（ICE Futures Europe）、主要从事欧洲和全球股权衍生品交易的伦敦绿松石期货交易所（Turquoise Derivatives London），以及建立在伦敦的芝加哥商品交易所集团欧洲分部（它是芝加哥商品交易所集团的第一个海外交易所，主要从事利率衍生品交易）。

（三）保险业②

英国保险行业管理规模位居欧洲第一、世界第四。它由保险公司、劳埃德（Lloyd's Market）、中介机构以及各种提供专业支持的机构组成。

英国保险公司对英国的经济实力起着至关重要的作用，每年向政府提供约 120 亿英镑税收。2019 年英国保险业为英国经济产出贡献了 295 亿英镑。③ 截至 2019 年 7 月，在英国开展业务的一般保险公司数目为 927 家，其中 255 家为英国授权的本土公司，672 家为其他欧洲国家保险公司设立的分支机构。在英国的人寿保险公司数量为 332 家，其中 149 家是英国授权的本土公司，183 家总部设在另一个欧洲国家。英国保险业从业人员达 30.7 万人。其中，11.4 万人直接受雇于保险公司，19.3 万人受雇于保险和养老基金的辅助服务部门，如经纪业务、第三方服务。④

英国是欧洲最大的养老基金来源，管理资产 2.9 万亿美元；它也是欧洲第二大保险资金来源，管理资产 2.3 万亿美元。在全球最大的保险公司排名中，英国公司占据显著位置。2018 年英国保费收入达 3 370 亿美元，占全球的 6.5%，占欧盟的 22.5%。英国保险和长期储蓄行业在 2018 年向国外出口了价值 196 亿英镑的服务。

伦敦是英国保险和再保险行业的中心。伦敦市场主要包括一般保险和再保险，主要涉及高风险。根据伦敦国际保险业协会（IUA，保险和再保险公司的代表机构）的数据，在伦敦运营的非劳埃德、批发保险和再保险公司，2010 年至 2018 年保费总额增长 5%，达到 284 亿英镑。⑤

---

① 数据来源：LSEG. LSEG Monthly Market Report, Dec. 2019.

② Key Facts about the UK as an International Financial Centre，2019；Key Facts about UK–Based Financial and Related Professional Services.

③ UK Insurance & Long–Term Savings Key Facts, December 2019.

④ UK Insurance & Long–Term Savings Key Facts, December 2019.

⑤ Key Facts about the UK as an International Financial Centre，2019；Key Facts about UK–Based Financial and Related Professional Services.

三、金融市场运行

（一）货币信贷市场

英国货币市场的主要参与者包括银行、其他金融机构和非金融企业。交易类型分为担保交易和无担保交易。交易工具包括存贷款、商业票据、回购和大额可转让存单等。该市场作为英格兰银行实施利率政策和提供流动性的主要渠道，在传导货币政策和维护金融稳定方面发挥着重要作用。

根据英格兰银行统计，2019 年第四季度，英格兰银行的日均回购交易量为 1 083.63 亿英镑，较第三季度略有下降；日均回购余额为 3 844.50 亿英傍，较第三季度有所上升。2019 年第四季度，英格兰银行的日均逆回购交易量为 862.73 亿英镑，较前两个季度略有下降；日均逆回购余额为 4 842.78 亿英镑，较第三季度有所上升（见表 4–2）。

表 4–2　英格兰银行回购和逆回购情况

单位：亿英镑

交易情况	2019 年第四季度	2019 年第三季度	2019 年第二季度	2019 年第一季度
		回购		
日均回购交易量	1 083.63	1 112.46	1 057.71	1 028.16
日均回购余额	3 844.50	3 579.16	3 594.42	3 519.40
		逆回购		
日均逆回购交易量	862.73	941.44	894.80	816.84
日均逆回购余额	4 842.78	4 562.63	4 428.73	4 231.19

数据来源：英格兰银行。

2019 年末，英国金融机构向非金融企业贷款余额为 4 905.86 亿英镑，比上年末增加 128.50 亿英镑。其中，金融机构向非金融企业透支 468.78 亿英镑，比上年末减少 20.98 亿英镑（见表 4–3）。从贷款投向看，对中小企业的贷款余额为 1 679.77 亿英镑，占比为 34.24%，对大型企业的贷款余额为 3 226.09 亿英镑，占比为 65.76%。

表 4–3　英国金融机构向非金融企业贷款余额（经季节调整）

单位：亿英镑

时间	贷款（不含透支）	透支	总贷款
2019 年末	4 437.08	468.78	4 905.86
2018 年末	4 287.60	489.76	4 777.36
2017 年末	4 206.01	463.86	4 669.87
2016 年末	4 124.72	382.08	4 506.80
2015 年末	3 945.43	365.65	4 312.30

数据来源：英格兰银行，Bankstats Tables，表 A8.1.

（二）金融衍生品市场

英国的金融衍生品市场以种类丰富、交易活跃而闻名，其金融衍生品包括利率衍生品、外汇衍生品、大宗商品与股权衍生品和信用衍生品等，利率衍生品、外汇衍生品工具下还分为掉期、期权、期货和远期等。

2019年，英国超过美国，再次成为最大的场外利率衍生品交易中心，英国场外利率衍生品的市场份额从2016年4月的39%升至2019年4月的50%。而美国的全球市场份额从2016年4月的41%降至32%。① 2019年4月，英国场外利率衍生品的日均交易量为3.67万亿美元，高于2016年4月的1.18万亿美元。

截至2019年末，英国本地银行共持有金融衍生品总资产2.46万亿英镑，总负债2.41万亿英镑，净资产444亿英镑。金融衍生品资产方面，按交易对手划分，外资银行、本地银行及建筑协会、其他外资机构这三类交易对手的头寸最高，分别为9 927亿英镑、4 504亿英镑和4 179亿英镑（见表4–1）。从金融衍生品类型看，利率衍生品资产总额最高，达1.60万亿英镑，其中，利率掉期1.43万亿英镑，利率期权1 577亿英镑，利率远期和期货29.93亿英镑，其他利率衍生品87亿英镑。外汇衍生品资产总额为5 859亿英镑，其中，外汇掉期3 045亿英镑，外汇期权633亿英镑，外汇远期和期货2 181亿英镑，其他外汇衍生品8 000万英镑。大宗商品和股权衍生品资产总额为1 904亿英镑，信用衍生品资产总额为796亿英镑。

金融衍生品负债方面，按交易对手分，外资银行、本地银行及建筑协会、其他外资机构这三类交易对手的头寸最高，分别为9 496亿英镑、4 534亿英镑和4 232亿英镑（见表4–1）。从金融衍生品类型看，利率衍生品负债总额最高，达1.52万亿英镑，其中，利率掉期1.34万亿英镑，利率期权1 609亿英镑，利率远期和期货31.58亿英镑，其他利率衍生品91.63亿英镑。外汇衍生品负债总额为6 060亿英镑，其中，外汇掉期3 194亿英镑，外汇期权647亿英镑，外汇远期和期货2 218亿英镑，其他外汇衍生品6 400万英镑。大宗商品和股权衍生品负债总额为2 049亿英镑，信用衍生品负债总额为835亿英镑（见表4–4）。

表4–4　英国本地银行持有的金融衍生品头寸

单位：百万英镑

金融衍生品类型		2019年末		2018年末		2017年末	
		资产	负债	资产	负债	资产	负债
利率	掉期	1 430 776	1 344 100	1 141 277	1 072 158	1 404 692	1 335 540
	期权	157 678	160 933	144 476	148 101	179 838	180 071
	远期和期货	2 993	3 158	2 066	2 157	991	1 029
	其他	8 700	9 163	8 673	8 583	4 182	7 258

① LSEG. Foreign exchange and OTC derivatives markets turnover survey，2019.

金融衍生品类型		2019 年末		2018 年末		2017 年末	
		资产	负债	资产	负债	资产	负债
外汇	掉期	304 452	319 437	357 250	357 780	326 763	318 903
	期权	63 297	64 747	91 121	91 038	77 370	78 106
	远期和期货	218 113	221 798	227 457	228 702	198 376	202 156
	其他	80	64	144	61	93	54
大宗商品和股权衍生品		190 440	204 918	271 657	281 247	218 934	239 741
信用衍生品		79 603	83 459	67 890	65 014	97 806	99 408
合计		2 456 132	2 411 776	2 312 011	2 254 842	2 509 045	2 462 265

数据来源：英格兰银行，Bankstats Tables，表 F1.1.

根据伦敦证交所电子平台统计，2019 年，大宗商品和股权衍生品交易额为 0.88 万亿英镑，同比下降 27.7%；日均交易额为 35 亿英镑，同比下降 27.2%。利率衍生品交易额为 3.86 万亿英镑，同比增长 43.9%；日均交易额为 151 亿英镑，同比上升 44.2%。①

根据 ICE 期货欧洲交易所提供的利率与股权衍生品交易信息，2019 年，该交易所累计利率衍生品交易 5.21 亿手，其中期货 4.32 亿手、期权 0.89 亿手；股权衍生品交易 7.93 亿手，其中期货 7.68 亿手、期权 0.25 亿手。②

（三）资本市场

1. 股票市场

伦敦证券交易所集团（以下简称伦敦证交所）共分四个市场，分别是主板市场、另类投资市场（Alternative Investment Market，AIM）、专业证券市场（Professional Securities Market）以及专业基金市场（Professional Fund Market）。伦敦证交所提供的证券交易类别广泛，包括英国股票、国际股票、ETF 与证券化衍生品、存托凭证（Depository Receipts）、债务、优先股、普通股认购权证（Equity Warrants）、打包证券单位（Package Units）和可转换证券等。

伦敦拥有欧洲最大的股票市场，涵盖主板市场、另类投资市场、专业证券市场和专业基金市场。

主板市场：截至 2019 年 12 月末，主板市场共有上市企业 1 143 家，其中英国企业 928 家、国际企业 215 家。总市值为 3.8 万亿英镑，其中英国企业市值为 2.5 万亿英镑，占比 65.8%，国际企业市值为 1.3 万亿英镑，占比 34.2%。在主板上市公司分布上，大公司市值占比较高。其中，市值在 500 亿英镑以上的超大型公司共有 18 家，尽管数量仅占总上市公司数的 1.6%，但股票市值占主板市场的 44.7%；市值在 20 亿英镑以上的公司共有 221 家，其市值占主板市场总市值的 91.2%。

另类投资市场：该市场成立于 1995 年，是专为高速成长的中小企业提供融资渠道的资本市场。截至 2019 年 12 月末，另类投资市场共有上市企业 863 家，其中英国企业 740 家、国际企业 123 家。

---

① 数据来源：LSEG. Monthly Market Report，December 2019. https://docs.londonstockexchange.com/sites/default/files/reports/LSEG%20market%20report%20December%202019.pdf.

② 数据来源：ICE Report Center[EB/OL]. https://www.theice.com/marketdata/reports/7.

专业证券市场：专业证券市场是一个创新、专业化的市场，旨在满足发行人的特定需求。发行人通过向专业投资者发行专业债务证券或存托凭证来筹集资金。

专业基金市场：专业基金市场是伦敦证交所为机构投资者提供的封闭式投资基金市场，包括私募股权基金、对冲基金、单一和多策略基金、专业地域基金、专业地产基金、基础设施基金、主权财富基金等。

2019 年，在一级市场上，伦敦证交所主板市场共发行 50 只新股，其中英国企业 36 家、国际企业 14 家。总募集资金为 40.59 亿英镑，其中英国企业募集 24.62 亿英镑，占比 60.66%，外国企业募集 15.97 亿英镑，占比 39.34%。599 家上市企业完成再融资 118.73 亿英镑，其中，本国企业 475 家，融资额为 93.95 亿英镑；国际企业 124 家，融资额为 24.78 亿英镑。另类投资市场共发行 23 只新股，其中英国企业 20 家、国际企业 3 家，总募集资金 4.89 亿英镑。1 533 家企业完成再融资 33.48 亿英镑，其中英国企业 1 212 家、国际企业 321 家。①

在二级市场上，2019 年，伦敦证交所成交额总计 1.19 万亿英镑，同比减少 18%。其中，主板市场成交额 1.16 万亿英镑，同比减少 18%，另类投资市场交易额 168.87 亿英镑，同比减少 19%。②

2. 债券市场

英国债券市场组成如下：

（1）政府债券。政府通过发行政府债券筹集资金。其中，英国市政债券服务局（Municipal Bonds Agency）协助各地政府以较低成本进行融资，所得资金主要用于基础设施和房屋建造等。

（2）其他英国固定利率债券，包括可转换债券、优先股及其他由公司、地方政府和银行发行的债券。

（3）国际债券。伦敦日益成为国际债券发行与交易中心。根据国际清算银行（BIS）的数据，截至 2019 年第四季度，英国的国际债券规模达 3.3 万亿美元，居世界首位，约占全球总量的 13%。③

2015 年，伦敦证交所成为首家设立绿色债券业务的交易所。截至 2019 年 10 月，伦敦证交所上市的绿色债券超过 200 只，总额 440 亿美元。④

3. 基金市场⑤

英国是全球最大的基金管理市场之一，仅次于美国。截至 2018 年，英国管理的资产总额达到创纪录的 9.1 万亿英镑（12.1 万亿美元）。英国基金行业国际化程度较高，反映在以下几个方面：英国汇聚了大量的本国和外国基金公司；英国在海外市场的股权投资和债券投资分别占 70% 和 49%；英国基金行

① https://www.londonstockexchange.com/reports?tab=new-issues-and-ipos.

② LSEG. Secondary Markets Factsheet [EB/OL]. https://docs.londonstockexchange.com/sites/default/files/reports/Secondary%20Markets%20factsheet%20December%202019.pdf, June 2020.

③ 数据来源：BIS，Summary of debt securities outstanding.

④ Key Facts about the UK as an International Financial Centre，2019；Key Facts about UK-Based Financial and Related Professional Services.

⑤ Key Facts about the UK as an International Financial Centre，2019；Key Facts about UK-Based Financial and Related Professional Services.

业为海外客户管理的基金总额为3.1万亿英镑（4.1万亿美元）。

养老基金方面，2018年，英国养老基金资产占全球养老基金资产的7.1%，领先于其他欧洲国家。英国养老基金资产占GDP的比例为101.7%，位居世界前列。英国共同基金管理着1.3万亿英镑（1.7万亿美元）的资产。英国保险业管理的基金规模仅次于美国、日本和法国，位居世界第四（见表4–5）。

表4–5 2018年末传统型投资管理资产

单位：10亿美元、%

国家	养老基金	保险资产	共同基金	合计	占比
美国	24 711	8 500	21 078	54 289	45
日本	3 081	3 711	1 805	8 596	7
英国	2 856	2 288	1 683	6 827	6
法国	155	2 739	2 075	4 969	4
加拿大	1 630	692	1 292	3 485	3
其他	7 740	16 190	19 864	42 820	35
全球	40 173	34 120	49 291	120 986	100

数据来源：Key Facts about the UK as an International Financial Centre，December 2019.

伦敦是全球第二大对冲基金管理中心，仅次于纽约。2018年，英国对冲基金部门管理的资产为3 500亿英镑（4 670亿美元），占全球资产的16%，比过去五年增长了80%以上。迄今为止，英国仍是欧洲最大的对冲基金中心。英国还是对冲基金管理、机构经纪、托管和审计等服务的领先中心。

英国私募股权市场的发达程度仅次于美国。2018年，英国私人股本基金投资了267亿英镑（356亿美元），在欧洲规模最大；英国的被投公司获得了148亿英镑（197亿美元）的收益。伦敦是欧洲最大的私募股权投资和基金管理中心。2015年至2018年，英国私募股权行业已向全球约4 300家公司投资了811亿英镑（1 083亿美元）。

（四）外汇市场

英国外汇市场在全球居于领先地位。2019年4月，英国外汇交易量占全球的43%，高于2016年4月的37%。2019年4月，英国日均外汇交易额为3.5776亿美元，而2016年4月的日均交易额为2.4060亿美元。这一增长逆转了2013年至2016年调查期间12%的降幅。①

英国外汇市场主要是场外市场，由即期交易、无交割远期、直接远期、外汇掉期、货币掉期、外汇期权等市场构成。其主要参与者包括报告交易商、银行、其他金融机构和非金融机构等。

根据外汇交易联合常设委员会（The

① Foreign exchange and OTC derivatives markets turnover survey，2019.

Foreign Exchange Joint Standing Committee）统计数据[①]，2019 年 10 月，英国日均外汇交易量达2.88万亿美元，比2019年4 月增加2%，与 2018 年 10 月的 2.59 万亿美元相比，增加11%。各类外汇交易工具交易量涨跌不一。其中，即期交易量为 7 540 亿美元，较 2019 年4 月下降 4.4%。外汇互换稳步增长，达到 1.49 万亿美元，较 2019 年 4 月增加 3.2%。远期交易量为 4 430 亿美元，较 2019 年 4 月增加10.5%（见表 4–6）。

从货币对看，2019 年 10 月，美元 / 英镑交易和欧元 / 英镑交易都创下新高。美元 / 英镑日均交易额增至 4 310 亿美元，相较 2019 年 4 月增长 13%。欧元 / 英镑日均交易额小幅上涨，相较同年 4 月增加 60 亿美元（增长 8%）。美元 / 日元日均交易额相较同年 4 月增加 540 亿美元（增长 19%）。美元 / 欧元作为交易活跃度最高的货币对，2019 年 10 月相较同年 4 月日均交易额减少 260 亿美元（下降 3%）。美元 / 人民币交易也有所回落，减少 100 亿美元（下降 14%）。[②]

表 4–6　英国外汇市场数据

单位：10 亿美元、%

项目	2019 年 10 月	2019 年 4 月	2018 年 4 月	2017 年 4 月	2016 年 4 月
			日均交易量		
交易总量	2 881	2 821	2 728	2 441	2 212
即期	754	789	751	748	755
远期	443	401	407	337	274
外汇互换	1 493	1 447	1 398	1 168	1 041
货币互换	42	26	38	40	33
外汇期权	148	158	134	148	109
			交易币种占比		
美元	90	89	88	88	89
欧元	37	39	37	37	36
日元	14	13	17	19	19
英镑	19	17	17	16	16
澳大利亚元	5	6	6	6	7
瑞士法郎	6	5	6	6	6
加拿大元	5	4	4	4	4
其他货币	24	27	25	24	23
全部货币	200	200	200	200	200

数据来源：英格兰银行，Foreign exchange and OTC derivatives markets turnover survey，2019.

① https://www. bankofengland. co. uk/–/media/boe/files/markets/foreign–exchange–joint–standing–committee/semi–annual–fx–turnover–survey–results/2019/october–2019–results. pdf.

② 同注 ①。

（五）商品市场

1. 商品期货市场

伦敦拥有下述重要大宗商品衍生品交易所：全球领先的有色金属交易所伦敦金属交易所和欧洲最大的能源产品交易所ICE期货欧洲交易所。其中，ICE经收购交易，将欧洲最大的软商品交易所NYSE Liffe纳入旗下。此外，伦敦还有数家全球知名大宗商品组织，包括国际咖啡组织（International Coffee Organization）、粮食和饲料贸易协会（The Grain and Feed Trade Association）和国际糖业组织（International Sugar Organization）等。伦敦作为重要的国际金融中心，成为参与大宗商品交易的国际企业、投资银行和其他金融机构的交易首选之地。

伦敦金属交易所是世界工业用金属交易中心。其三个交易平台（LMEselect电子交易平台、交易圈和24小时电话交易平台）的价格被作为全球基准价，并用于企业和投资机构的风险管理。该交易所提供14种金属的六种不同合约，含有色金属、黑色金属、贵金属和小金属四大类，包括铝、铜、锌、镍、铅、锡、铝合金、北美特种铝合金、螺纹钢、废钢、黄金、白银、铂金、钯、钼和钴等。提供的交易合约包括期货、期权、交易平均价期权、月均期权、LME小型期货合约和指数产品等。

按金属分，2019年，LME金属交易量为1.762亿手，相较2018年的1.848亿手下降4.6%。其中，铝合约交易6 817万手，较2018年的6 882万手略微缩减0.9%。铜合约交易3 709万手，比2018年的4 032万手下降8.0%。铅合约交易1 226万手，较2018年下降10.1%。镍合约交易约2 528万手，较上年增长2.7%。锡合约交易133万手，比2018年上升4.8%。锌合约交易3 093万手，较2018年下降9.9%。

按工具分，期货合约交易1.705亿手，较2018年缩减4.3%；期权合约交易561万手，较2018年下降13.4%。[①]

ICE期货欧洲交易所为原油、利率、股权、天然气、电能、煤炭、二氧化碳排放和软商品等提供期货与期权合约交易。2019年，ICE期货欧洲交易所的合约成交量为11.26亿手，其中，期货合约9.73亿手、期权合约1.53亿手。利率和布伦特原油是交易量最大的标的。在期货合约中，利率合约和布伦特原油合约交易量分别为4.32亿手和2.21亿手。在期权合约中，利率合约和布伦特原油合约交易量分别是8 881万手和2 559万手。[②]

2. 伦敦金银市场

在伦敦，大量的贵金属交易通过场外市场进行。伦敦金银市场由伦敦金银市场协会（London Bullion Market Association，LBMA）主办。作为全球著名贵金属批发市场标准制定机构，该协会不是一家交易所，而是一家金银市场的代表性机构。其成员分为做市商和普通会员两类，包括银行、制造商、提炼商、运输商和经纪商等。该组织全球会员企业超过140家。

2019年，伦敦黄金持有量为2.7亿盎司

① Annual trading volumes, 2019 Trading Volumes, https://www.lme.com/Market-Data/Reports-and-data/Volumes/Annual-volumes/2019.

② https://www. theice. com/marketdata/reports/7.

（约 4 907 亿美元），较上年增加 2 682 万盎司；白银持有量为 11.6 亿盎司（约 222 亿美元），较上年增加 2 448 万盎司。[①] 2019 年，通过伦敦金银市场协会清算的日均黄金和白银交易量分别约为 2 090 万盎司（约 309 亿美元）和 3.21 亿盎司（约 48.9 亿美元）。[②]

四、金融监管

（一）金融政策委员会

英格兰银行金融政策委员会（Financial Policy Committee，FPC）是国际金融危机后为改善金融稳定而引入的新监管体系的一部分，负责识别、监控并采取行动消除或降低系统性风险，以保护和增强英国金融体系的弹性。FPC 的次要目标是支持政府的经济政策。FPC 有两套权力——指导权力和推荐权力：FPC 有权指示监管机构对一些具体的政策工具采取行动；FPC 可以提出降低对金融稳定构成威胁的风险的建议。

FPC 通常有 13 个成员。其中 6 人是英格兰银行（Bank of England）员工：行长、4 名副行长以及负责金融稳定战略和风险的执行董事。该委员会还包括金融行为监管局（Financial Conduct Authority，FCA）的首席执行官和英国财政部（HM Treasury）的一名无投票权成员。此外，还有 5 位外部成员是根据他们在金融服务方面的经验和专业知识从央行外部挑选出来的。

FCA 的政策工具包括：设定逆周期资本缓冲（Countercyclical Capital Buffer，CCyB）比例；为英国公司设定部门资本要求和杠杆率要求；设定英国自住房屋抵押贷款的贷款价值比和债务收入比的限额；设定租赁物业抵押贷款的贷款价值比和利息覆盖率的限额。

FPC 通常每年召开 4 次会议、发布 2 次《金融稳定报告》，阐述委员会对金融稳定面临的主要风险的看法，并评估金融体系应对这些风险的准备程度。2019 年 12 月的《金融稳定报告》[③] 强调了面对中美贸易局势带来的关税、技术和资本的影响，发达经济体的债务压力等海外风险带来的全球金融增长的下行压力，以及英国无序“脱欧”的内部风险引起的跨境金融服务的衰退，英国银行体系将能够抵御比 2008 年国际金融危机更为严重的情景。因此，英国各大银行有能力继续满足英国家庭和企业的信贷需求。FPC 认为 2% 的英国逆周期资本缓冲（CCyB）利率适合目前的标准风险环境；预计英国主要银行的总体资本要求在未来一段时间内将大体保持不变；如果一个重大的经济压力成为现实，FPC 准备削减英国 CCyB 利率。此外，FPC 对抵押贷款市场的监管作出了审视：自 2014 年 6 月以来，FPC 建议新发放的抵押贷款的比例上限为 15%，不得超过借款人收入的 4.5 倍。基于 FCA 的规定，FPC 还建议，如果借款人的抵押贷款利率转为契约性回归利率并提高 3 个百分点，银行应评估借款人是否有还款能力。

（二）货币政策委员会

货币政策委员会（Monetary Policy Committee，MPC）通过制定英格兰银行的

① 数据来源：LBMA，Vault holding data, http://www.lbma.org.uk/london-precious-metals-physical-holdings-statistics.

② LBMA Clearing Statistics, http://www.lbma.org.uk/clearing-statistics.

③ https://www.bankofengland.co.uk/financial-policy-summary-and-record/2020/march-2020.

货币政策以保持低通胀和货币稳定。其主要职责包括：维持物价稳定，支持政府经济政策，实现增长与就业目标。

MPC 由 9 名成员组成：央行行长，3 位副行长分别负责货币政策、金融稳定、市场和银行业，首席经济学家以及 4 位直接由财政大臣任命的外部成员。他们的职责是确保 MPC 充分了解财政政策发展和政府经济政策的其他方面，并确保财政大臣充分了解货币政策。MPC 每年召开 8 次会议制定货币政策。

MPC 以 2% 的通货膨胀率为目标，并通过一种有助于维持增长和就业的方式实现该目标。2019 年 12 月的 MPC 会议①表决通过了维持银行利率在 0.75% 的决议，并一致通过发行央行储备资金，将购买英国非金融投资级公司债券的规模维持在 100 亿英镑的决议。该委员会还一致投票决定，通过发行央行储备资金，将英国政府购买债券的规模维持在 4 350 亿英镑。

（三）审慎监管委员会

审慎监管委员会（Prudential Regulation Committee，PRC）根据《1998 年英格兰银行法案》成立，同时根据 2000 年《金融服务与市场法》，PRC 有权行使英国央行审慎监管的职能。

PRC 对总计 1 500 余家银行、建筑协会、信用联盟、保险公司和投行等机构进行监管。PRC 的总目标是：促进被监管公司的安全与稳健；确保公司开展业务的方式能避免对英国金融系统稳定性产生不利影响；为保险投资人提供保护；在合理的可能范围内，促进市场服务的有效竞争。②

2019 年 PRC 就以下方面作出规定：英国“脱欧”后，处理企业非约束性监管材料的方案；信用风险缓释方面，金融抵押品的资格；公司的决策评估和公开披露方案；银行监管披露方面的规则和指导；监管国际银行方面，修改分行申报表；加强个人问责的决议评估和报告修正；维护偿付能力Ⅱ（Solvency Ⅱ）下对于技术规定的过渡性措施；等等。③

（四）金融市场基础设施监管

金融市场基础设施（Financial Market Infrastructures，FMIs），本质上是允许金融交易发生的网络，通常被称为金融系统的管道。FMIs 有助于使人们、企业和金融服务部门之间的金融交易更安全、更高效、更便宜。由于其对金融系统平稳运行的重要性，英格兰银行对某些 FMIs 进行了监管，以确保它们的安全运行。

英格兰银行监管着三种主要类型的 FMIs：被认可的支付系统；中央证券存管机构；中央对手方（CCPs）。④在英国，每天受英格兰银行监管的 FMIs 的支付额大约有 3 600 亿英镑。

2013 年，英格兰银行发布了监管 FMIs 的方法，并于 2018 年公布了根据《2009 年银行法》对认可支付系统的服务提供商进行监管的方法。英格兰银行与金融行为监管局和

---

① https://www.bankofengland.co.uk/monetary-policy-summary-and-minutes/2019/december-2019.

② https://www.bankofengland.co.uk/-/media/boe/files/about/prc/prctermsofreference.pdf?la=en&hash=96BBD4ACB71963CC6EC8507877F8F6CF9A8335AB.

③ https://www.bankofengland.co.uk/news?NewsTypes=09f8960ebc384e3589da5349744916ae&Taxonomies=b39ffeb3121f464796507d53cc78e1ec&InfiniteScrolling=False&Direction=Latest.

④ https://www.bankofengland.co.uk/financial-stability/financial-market-infrastructure-supervision.

海外监管机构合作，对 FMIs 进行监管，其监管标准是由国际 CPSS/IOSCO 原则为金融市场基础设施制定的。

2019 年，英格兰银行提出英国退出欧盟后该行和英国审慎监管局的指导方针和建议；对非英国中央对手方（CCPs）认可收费制度；改善 FMIs 运作弹性的建议，旨在提高 FMIs 运营弹性、保护更广泛的金融部门和英国经济不受运营中断影响的政策；对重要业务构建操作弹性的建议：企业和金融管理机构根据其对公众利益的影响，对计划和投资选择进行优先排序；等等。①

五、金融消费权益保护工作情况

金融行为监管局（FCA）是 49 000 家公司的审慎监管者，为 19 000 家公司制定具体标准。FCA 的战略目标是：在合理程度上保护消费者；保护和加强金融市场的完整性；促进英国金融体系的有效竞争。FCA 对从事金融服务活动的公司和个人进行授权、监督并采取必要的行动，这些受监管的公司必须得到 FCA 授权或注册，除非拥有豁免权。

（一）监管改革动态

2019 年，FCA 监管改革动态包括：(1) 宣布英国“脱欧”生效日当天，监管证券化仓库（SRs）的权力将从欧洲证券和市场管理局 ESMA 转移至 FCA；(2) 制定新政使一般保险产品符合预期目标市场并符合客户的最佳利益；(3) 制定新的规则简化消费者资产转移平台的流程，降低成本，促进投资平台市场的竞争；(4) 赋予独立治理委员会（IGCs）新的职责，包括考虑并报告公司针对环境、社会和治理（ESG）问题的政策以及监督养老金投资渠道解决方案的资金价值。

在电子支付方面，FCA 为英国“脱欧”过程中实施欧盟强力客户认证监管技术标准（SCA–RTS）规定了 6 个月的调整期，无交易退出时英国管理技术标准要求支付服务供应商（PSPs）继续使用 eIDAS 证书；针对贷款众筹平台（P2P）的规则和指南，FCA 作出了更清晰的规划管理；针对加密货币，FCA 重新定义加密资产分类、划分监管范围。

（二）消费者投诉处理情况

根据金融行为监管局数据②，2019 至 2020 财年，英国金融业共收到新增投诉 27.1 万件。从被投诉产品类别看，按占比高低依次为信贷还贷保险、储蓄及信用卡、其他保险、投资及养老金，占比分别为 45%、38%、12% 和 4%。2019 年共计 29.6 万件投诉得到解决，其中 3.0 万件由英国金融申诉专员（Financial Ombudsman Service，FOS）予以法律裁定。

（三）监督执法情况

截至 2019 年末，FCA 共发出 203 项裁决书（其中 187 项针对企业或与企业相关的个人、16 项针对个人）；采取 217 次执法行动（其中 208 次为监管类或民事类、9 次为刑事类）；开出 15 张罚单，总计 2.24 亿英镑，其中，12 张涉及企业（罚款金额约 2.24 亿英镑），

① https://www.bankofengland.co.uk/news?NewsTypes=ce90163e489841e0b66d06243d35d5cb&NewsTypes=09f8960ebc384e3589da5349744916ae&Taxonomies=6f6040e87a41486788ac3bfedd939ade&InfiniteScrolling=False&Direction=Latest.

② 数据来源：https://www.financial-ombudsman.org.uk/data-insight/annual-complaints-data.

3 张涉及个人（罚款金额约 30 万英镑）。

根据统计数据，2019 年，FCA 民事类与监管类案件平均办案时长为 23.9 个月；办案成本因案件的规模与复杂程度差异较大，金额在 0.2 万 ~200 万英镑，平均办案成本为 22.9 万英镑[①]。

① 数据来源：Enforcement data–Annual Report 2019/2020.

第五章
上海与主要国际金融中心发展比较

近年来，上海金融业发展迅速，上海国际金融中心地位稳步提高，但与纽约、伦敦等主要金融中心城市相比还存在一定差距。

从宏观环境看，世界经济论坛发布的《2019 年全球竞争力报告》显示，2019 年中国的竞争力在全球排名第 28 位。中国经济首次从由效率驱动阶段升级为由效率驱动向创新驱动的过渡阶段，与发达经济体的创新驱动阶段差距缩小。

从金融活动看，2019 年，全球场外衍生品市场持仓币种主要为美元和欧元；全球股市活动主要集中于美国，全球期货期权成交主要集中在北美、亚太地区。2019 年，上海证券交易所市值全球排名第 4 位，IPO 融资总额排名第 3 位，成交量排名第 4 位。上海期货交易所成交量排名全球第 10 位，与上年持平。中国金融期货交易所排名全球第 28 位，较上年上升 3 位。

上海交通大学中国金融研究院《上海国际金融中心建设评估报告》显示，从金融服务体系的层次与效率及国际化程度看，上海与纽约、伦敦等金融中心城市还有一定差距；金融发展环境和条件方面也有一定提升空间。

一、宏观环境条件比较

对国际金融中心城市所在国的宏观环境进行比较分析，有助于理解国际金融中心的竞争力及其国际地位的形成与变化。

世界经济论坛的《全球竞争力报告》依据“全球竞争力指数”（GCI）对 140 多个国家和地区的竞争力进行排名（见表 5–1）。2019 年，新加坡、美国、中国香港位居前三；中国排名第 28 位，与上年持平。我们对主要国际金融中心所在的 5 个国家和地区（美国、英国、中国香港、日本、新加坡）及金砖五国（中国、南非、巴西、印度、俄罗斯）的基本面和竞争力指标进行比较。

表 5–1　近年来部分经济体全球竞争力排名

经济体	2019 年	2018 年	2017 年	2016 年	2015 年	2014 年	2013 年
新加坡	1	2	3	2	2	2	2
美国	2	1	2	3	3	3	5
中国香港	3	7	6	9	7	7	7
日本	6	5	9	8	6	6	9
英国	9	8	8	7	10	9	10
中国	28	28	27	28	28	28	29
南非	60	67	61	47	49	56	53
巴西	71	72	80	81	75	57	56
印度	68	58	40	39	55	71	60
俄罗斯	43	43	38	43	45	53	64

资料来源：The World Economic Forum，Global Competitiveness Report 2019.

基于经济发展阶段理论，世界经济论坛根据人均 GDP 将各国经济划分为要素驱动、效率驱动和创新驱动三个发展阶段，三个阶段中间又有两个过渡期①。2019 年数据显示，美国、英国、日本、中国香港和新加坡等经济体均处于创新驱动阶段，中国和俄罗斯处于由效率驱动向创新驱动的过渡阶段，南非和巴西处于效率驱动阶段，印度则处于由要素驱动向效率驱动的过渡阶段。

表 5-2　2019 年部分经济体的经济基本面

经济体	人口（百万人）	GDP（10 亿美元）	人均 GDP（美元）	占全球 GDP 份额（%）
新加坡	5.6	358.6	64 041.4	0.42
美国	327.4	20 497.1	62 605.6	15.16
中国香港	7.5	363.9	48 517.4	0.36
日本	126.5	4 972.2	39 305.8	4.14
英国	66.5	2 830.1	42 558.0	2.25
中国	1 395.4	13 407.6	9 608.4	18.69
南非	57.7	368.0	6 377.3	0.58
巴西	208.3	1 868.0	8 967.7	2.49
印度	1 334.2	2 716.7	2 036.2	7.77
俄罗斯	144.0	1 631.1	11 326.8	3.12

注：GDP 值按汇率计算，占全球 GDP 份额按购买力平价法（PPP）计算。
资料来源：The World Economic Forum，Global Competitiveness Report 2019.

全球竞争力指数从四类指标共 12 个方面衡量一国或地区的综合竞争力状况②。中国在第二类指标上较为落后，技能指标亟待提升。第三类指标除市场规模外，其余子项有待改善，尤其是劳动力市场。为提高竞争力，我国应增加对劳动力教育与培训的投入，更好促进劳动力的流动。

表 5-3　2019 年部分经济体全球竞争力各指标排名

经济体	排名	第一类指标				第二类指标		第三类指标				第四类指标	
		制度	基础设施	ICT 采用率	宏观经济稳定	健康	技能	货物市场效率	劳动力市场效率	金融市场发展	市场规模	商业活力	创新能力
美国	2	20	13	27	37	55	9	8	4	3	2	1	2
新加坡	1	2	1	5	38	1	19	2	1	2	27	14	13
日本	6	19	5	6	42	1	28	6	16	12	4	17	7
中国香港	3	5	3	3	1	1	20	1	7	1	28	15	26

① 具体而言，人均 GDP 小于 2000 美元的经济称为要素驱动的经济，处于 3 000~8 999 美元的为效率驱动的经济，处于 2 000~2 999 美元的为由要素驱动阶段向效率驱动阶段的过渡经济；人均 GDP 大于 17 000 美元的为创新驱动的经济，处于 9 000~17 000 美元的经济为由效率驱动阶段向创新驱动阶段的过渡经济。

② 2018 年的报告采用新的评估方式。GCI 4.0 评估框架考虑了四类综合指标，较以往的评估框架增加人力资本项。

续表

经济体	排名	第一类指标				第二类指标		第三类指标				第四类指标	
		制度	基础设施	ICT采用率	宏观经济稳定	健康	技能	货物市场效率	劳动力市场效率	金融市场发展	市场规模	商业活力	创新能力
英国	9	11	11	31	1	33	11	21	9	7	8	9	8
中国	28	58	36	18	39	40	64	54	72	29	1	36	24
俄罗斯	43	74	50	22	43	97	54	87	62	95	6	53	32
印度	68	59	70	120	43	110	107	101	103	40	3	69	35
南非	60	55	69	89	59	118	90	69	63	19	35	60	46
巴西	71	99	78	67	115	75	96	124	105	55	10	67	40

资料来源：The World Economic Forum，Global Competitiveness Report，2019.

二、金融市场规模比较

2019 年，全球场外衍生品市场扩大，持仓币种主要为美元和欧元；全球股市活动主要集中于美国，全球期货期权成交基本持平。

（一）场外衍生品市场

据 BIS 统计，2019 年末，全球场外衍生品市场名义余额达 558.5 万亿美元，较上年末增加 14.1 万亿美元。其中，外汇、利率和股票合约的名义余额分别为 92.2 万亿美元、449.0 万亿美元和 6.9 万亿美元。从持仓币种来看，主要是美元和欧元（见表 5–4）。

表 5–4　全球场外衍生品持仓名义余额

单位：10 亿美元

项目	2019 年	2018 年	2017 年	2016 年
所有合约	558 505	544 386	531 912	482 422
外汇合约	92 177	90 662	87 117	78 781
其中：美元	80 989	80 189	74 756	70 550
欧元	28 129	28 300	28 280	24 334
日元	14 938	15 249	14 838	14 146
英镑	11 812	11 032	12 257	9 080
瑞士法郎	4 026	3 860	4 257	3 541
加拿大元	4 747	4 250	4 088	3 350
瑞典克朗	1 809	2 082	2 268	1 812
其他货币	37 904	36 361	33 490	30 748
利率合约	448 965	436 837	426 649	385 514
其中：美元	159 804	169 162	156 507	143 290
欧元	117 173	114 002	121 891	105 594
日元	37 843	36 166	38 772	41 800

续表

项目	2019 年	2018 年	2017 年	2016 年
英镑	44 146	39 453	37 570	34 034
瑞士法郎	3 669	3 467	4 107	4 168
加拿大元	14 098	14 225	10 944	8 471
瑞典克朗	4 816	5 931	5 985	4 652
其他货币	67 416	54 430	50 874	43 506
股票合约	6 874	6 417	6 570	6 253
其中：美国股票	3 160	2 930	2 823	2 782
欧洲股票	2 153	2 020	2 227	2 082
日本股票	278	270	309	251
亚洲其他股票	295	289	333	255
拉丁美洲股票	308	261	244	221
其他股票	679	648	634	663

数据来源：BIS.

（二）股票市场

从股票市值、IPO 规模和股票成交规模三个方面来看，全球股市活动集中在美国。

1. 美国股市市值占全球四成

2019 年末，全球市值最大的五家交易所依次为纽约—泛欧证券交易所美国中心（NYSE）、纳斯达克（NASDAQ）、日本交易所集团（Japan Exchange Group）、上海证券交易所和香港证券交易所。上海证券交易所市值连续六年全球排名第四。2019 年末，美国股市（含纽约—泛欧交易所集团美国中心和纳斯达克）市值占全球市值的 38.6%，中国股市（含上海证券交易所和深圳证券交易所）市值占全球市值的 9.0%（见表 5–5）。

表 5–5　全球市值排名前十大交易所占比

单位：%

交易所	2019 年末全球占比	交易所	2018 年末全球占比
纽约—泛欧交易所集团美国中心	24.8	纽约—泛欧交易所集团美国中心	27.7
纳斯达克	13.8	纳斯达克	13.1
日本证券交易所集团	6.6	日本证券交易所集团	7.1
上海证券交易所	5.4	上海证券交易所	5.2
香港证券交易所	5.2	香港证券交易所	5.1
纽约—泛欧交易所集团欧洲中心	5.0	纽约—泛欧交易所集团欧洲中心	5.0
伦敦证券交易所集团	4.4	伦敦证券交易所集团	4.9
深圳证券交易所	3.6	深圳证券交易所	3.2
多伦多证券交易所集团	2.6	孟买证券交易所	2.8
沙特证券交易所	2.6	印度国家证券交易所	2.8

数据来源：WFE.

2. 全球股票市场 IPO 融资规模小幅上升

2019 年，全球新上市公司 2 494 家，较上年增长 0.3%。其中，通过 IPO 上市的公司有 1 346 家，较上年下降 17.8%。由于上市公司规模较上年增长，2019 年全球 IPO 融资额为 2 085 亿美元，与上年持平。上海证券交易所 IPO 融资额为 264.8 亿美元，全球排名第三，居于香港证券交易所（403.4 亿美元）和沙特证券交易所（266.7 亿美元）之后①。

3. 全球股票成交规模增加，股市交易集中于美国

2019 年，全球证券交易所股票成交额 114.9 万亿美元，较 2018 年下降 11.9%。其中，美国股票市场（含纽约—泛欧交易所集团美国中心和纳斯达克）成交额占全球的 45.4%。2019 年，深圳证券交易所、上海证券交易所成交额分别位居全球第三和第四，中国股票市场成交额占全球的 16.6%（见表 5–6）。

表 5–6　全球成交金额排名前十大交易所占比

单位：%

交易所	2019 年末全球占比	交易所	2018 年末全球占比
纳斯达克	34.5	纳斯达克	33.5
纽约—泛欧交易所集团美国中心	10.9	纽约—泛欧交易所集团美国中心	17.6
深圳证券交易所	9.8	BATS 全球市场	12.3
上海证券交易所	6.8	深圳证券交易所	5.6
芝加哥期权交易所全球市场	6.6	日本证券交易所集团	5.5
日本证券交易所集团	5.1	上海证券交易所	4.5
BATS 全球市场	4.8	芝加哥期权交易所欧洲公司	3.3
芝加哥期权交易所欧洲公司	3.0	伦敦证券交易所集团	2.6
伦敦证券交易所集团	2.3	韩国证券交易所	1.9
纽约—泛欧交易所集团欧洲中心	1.7	香港证券交易所	1.8

数据来源：WFE.

（三）期货期权市场

据美国期货业协会（Futures Industry Association，FIA）统计，2019 年全球在交易所交易的期货和期权产品共成交 344.75 亿手，较上年增长 13.7%。其中，期权成交 152.34 亿手，增长 16.0%；期货成交 192.41 亿手，增长 12.0%。

分地区看，2019 年拉美和亚太地区的交易量同比增幅最大。其中，拉美地区增长 47.6% 至 20.99 亿手，亚太地区增长 29.1% 至 144.86 亿手。北美和欧洲的交易量小幅下降。其中，北美交易所下降 2.8% 至 102.65 亿手，欧洲交易所下降 4.4% 至 50.34 亿手。

分交易所看，2019 年，上海期货交易所、大连商品交易所、郑州商品交易所和中国金融期货交易所的成交量分别上升了 20.4%、38.1%、33.6% 和 143.6%。上述四个交易所排名分别为第 10 名、第 11 名、第 12 名和第 28 名（见表 5–7）。

① 数据来源：WFE.

表 5-7　2018—2019 年全球衍生品交易所成交量排名

单位：亿手、%

交易所	排名	2019 年	2018 年	增长率
印度国家证券交易所（National Stock Exchange of India）	1	59.61	37.90	57.3
芝加哥商品交易所集团（CME Group）	2	48.30	48.45	-0.3
巴西圣保罗证券交易所（B3 Stock Exchange）	3	38.81	25.74	50.8
洲际交易所（Intercontinental Exchange）	4	22.57	24.74	-8.8
欧洲期货交易所（Eurex）	5	19.47	19.52	-0.2
芝加哥期权交易所（CBOE Holdings）	6	19.12	20.51	-6.8
纳斯达克（Nasdaq）	7	17.85	18.95	-5.8
韩国交易所（Korea Exchange）	8	15.47	14.08	9.8
莫斯科联合交易所（Moscow Exchange）	9	14.55	15.00	-3.0
上海期货交易所（Shanghai Futures Exchange）	10	14.48	12.02	20.4
大连商品交易所（Dalian Commodity Exchange）	11	13.56	9.82	38.1
郑州商品交易所（Zhengzhou Commodity Exchange）	12	10.93	8.18	33.6
孟买证券交易所（BSE）	13	10.26	10.33	-0.6
迈阿密国际证券交易所（Miami International Holdings）	14	4.40	4.21	4.5
香港交易所（Hong Kong Exchanges & Clearing）	15	4.39	4.81	-8.8
伊斯坦布尔交易所（Borsa Istanbul）	16	3.88	2.36	64.1
日本交易所集团（Japan Exchange Group）	17	3.61	3.88	-12.4
印度多种商品交易所（Mult-commodity Exchange of India）	18	3.07	2.30	33.1
台湾期货交易所（Taiwan Futures Exchange）	19	2.61	3.08	-15.4
澳大利亚证券交易所集团（ASX Group）	20	2.60	2.48	5.0

资料来源：FIA.

三、全球金融中心指数比较

近年来，中国金融开放力度持续加大，上海金融业发展迅速，上海国际金融中心地位稳步提升。根据伦敦 Z/Yen 集团公布的第 27 期“全球金融中心指数”（Global Financial Centres Index，GFCI）①，上海名列国际金融中心城市第 4 位，仅次于纽约、伦敦和东京（见表 5-8）。从 GFCI 问卷调查评分来看，上海金融业在全球排名靠前，其中银行业排名第 2 位、投资管理排名第 4 位、保险排名第 5 位、专业服务排名第 5 位、政府监管排名第 7 位。

① 本次评估对象包括 108 个正式金融中心和 12 个候补金融中心。全球金融中心指数通过“要素评估模型”计算得出，此模型使用两种不同的输入变量。一是特征指标，共 138 项，数据收集自全球各项影响力广泛的评估报告。二是金融中心评价，通过在线问卷调查获得评分。特征指标和金融中心评价结果通过模型结合为各金融中心竞争力的综合评分，再根据评分高低得到各金融中心的排名。

表 5–8　近年来部分国际金融中心城市综合排名

城市	27 期	26 期	25 期	24 期	23 期	22 期	21 期	20 期	19 期
	名次	名次	名次	名次	名次	名次	名次	名次	名次
纽约	1	1	1	1	2	2	2	2	2
伦敦	2	2	2	2	1	1	1	1	1
东京	3	6	6	6	5	5	5	5	5
上海	4	5	5	5	6	6	13	16	16
新加坡	5	4	4	4	4	4	3	3	3
香港	6		3	3	3	3	4	4	4
孟买	45	72	92	92	73	60	63	75	42
莫斯科	71	71	88	83	85	84	67	78	75
圣保罗	83	82	66	55	67	63	62	51	43
约翰内斯堡	85	81	48	57	52	48	59	59	51

资料来源：各期“全球金融中心指数”。

表 5–9　部分国际金融中心城市竞争力分项指标排名

城市	营商环境	人力资本	基础设施	金融业发展水平	声誉及综合
纽约	1	1	1	1	1
伦敦	2	2	2	2	2
香港	3	3	5	6	4
新加坡	4	5	3	3	3
上海	> 15	6	9	9	9
东京	> 15	11	4	10	6

资料来源：第 27 期“全球金融中心指数”。

尽管上海总体排名较上期提升 1 位，但是营商环境、人力资本、基础设施、金融业发展水平、声誉及综合五个子项的排名均有所下降。其中，营商环境由第 7 位下降到第 15 位之外，人力资本由第 5 位下降到第 6 位，基础设施由第 5 位下降到第 9 位，金融业发展水平由第 7 位下降至第 9 位，声誉及综合由第 5 位下降至第 9 位。上海综合排名的上升得益于主观问卷评估。例如，在关于未来发展前景的统计中，受访者有 124 次提及上海，远高于纽约、伦敦、东京、新加坡等。

四、上海与主要国际金融中心的比较分析

根据上海交通大学中国金融研究院《上海国际金融中心建设评估报告》，上海国际金融中心建设取得令人满意的成绩，但从金

融服务体系的层次与效率以及国际化程度来看，上海与纽约、伦敦等金融城市还有一定差距。

（一）评估框架

评估框架分为两个部分：一是金融服务体系，二是金融发展环境和条件。其中，金融服务体系又分为金融市场、金融中介与服务机构两方面，评估维度包括规模和层次、功能效率、国际化。金融发展环境和条件包括四个维度：金融制度、金融人才、营商环境和城市生态。整个评估框架包含107个二级指标，表5–10列举出部分指标。

表5–10 评估体系部分指标

评估体系	一级指标	二级指标
1. 服务体系		
金融市场	规模和层次	股票市场总市值、国债或政府公共债存量、公司债存量、资产支持证券存量、商品期货交易量、股指期货交易量、股票期权交易量、外汇市场交易额、场外利率衍生品交易量
	功能效率	各规模指标 /GDP、股市波动率、股市中专业机构投资者占比、M&A 交易金额
	国际化	国际直接投资资产 /GDP、国际直接投资负债 /GDP、国际证券投资资产 /GDP、国际证券投资负债 /GDP
金融中介与服务机构	规模和层次	银行总资产、证券公司总资产、公募基金资产规模、PE/VC 资产规模、保险机构总资产、评级机构数、律师 / 律师事务所数量、会计师 / 会计师事务所数量
	功能效率	银行不良贷款率、银行利润 / 从业人员、证券公司利润 / 从业人员、保险深度 / 密度、每千人律师数
	国际化	商业银行跨国借贷规模（资产）/GDP、商业银行跨国借贷规模（负债）/GDP、外资银行资产占比
2. 发展环境和条件	金融制度	全球机会指数排名、政府监管负担指数 / 排名、Chinn–Ito 指数（KAOPEN）、政府政策稳定指数 / 排名、破产监管框架指数 / 排名
	金融人才	金融从业人员占总从业人员比例、CFA 持证人占金融从业人员比例
	营商环境	营商便利性排名、新开企业所需时间排名、新开企业所需成本排名、GFCI– 营商环境排名
	城市生态	网络社会城市指数排名、信息技术使用率排名、生活成本指数

（二）国际比较：上海、纽约、伦敦、东京、新加坡

1. 金融服务体系

本部分从规模及层次、功能效率、国际化三个维度，对上海、纽约、伦敦、东京和新加坡五个主要国际金融中心的金融市场、中介和服务机构进行比较。结果显示，上海在各维度上都有一定提升空间。

（1）金融市场[①]：效率与国际化程度有待进一步提高

从金融市场规模看，我国GDP约为美国的2/3，但我国股市市值为美国的1/4。2019年末，美国股市（含纽约—泛欧交易所集团美国中心和纳斯达克）总市值为36.33万亿美元，中国股市（含上海证券交易所和深圳证

① 由于数据的可得性，金融市场的比较多为国家层面的数据比较。由于纽约、伦敦、东京的份额在本国占据主导地位，因此如果某一项指标中国严重落后于其他国家，那么可以推断出上海与其他金融中心城市也有较大差距。

券交易所）总市值为8.52万亿美元。加之上海只占我国股市的一部分（2019年，上海证券交易所的市值为5.11万亿美元，深圳证券交易所的市值为3.41万亿美元），而美国股市集中在纽约，上海和纽约的差距进一步凸显。其他板块如公司债、证券化资产、金融衍生品和VC/PE等的差距更为明显。

表5–11显示了美国、英国、日本、新加坡和中国主要金融市场规模与GDP的比例。这一指标可衡量直接融资在国民经济中的相对比重和效用。总体上看，我国的直接融资比重相对较低，作为企业长期融资工具的公司债近几年发展迅速，但整体水平仍有一定提升空间，而相关的信用评级、违约处置和破产清算等专业服务稍显滞后，制约了该市场的发展。资产证券化市场增长较快，尤其是上海证券交易所主导的企业资产证券化，但与美国差距十分明显。

表5–11　主要金融市场规模占GDP比例

单位：%

国家	股票市值	债券市场存量	公司债存量	资产支持证券存量
中国	59.8	103.4	25.4	2.7
美国	169.5	192.4	30.6	52.2
英国	142.4	214.1	18.3	12.4
日本	121.5	251.7	15.1	3.5
新加坡	185.1	130.8	42.0	—

注：除资产支持证券存量数据为2018年数据，其余为2019年数据。
数据来源：上海交通大学中国金融研究院，WFE，BIS。

作为现代金融市场的重要组成部分，金融衍生品市场在主要国际金融中心均占据重要地位，为企业和金融机构提供管控风险的有效工具，也为市场增加价格发现的渠道。表5–12显示，我国商品期货交易量居全球首位，但其他金融衍生品交易规模和品种都很有限。以股指期货为例，美国和日本分居前两位，与各自股市规模相匹配。美国股市市值为36.3万亿美元，股指期货交易量为8.25亿张，两者的比例为4.4∶1；日本股市市值为6.2万亿美元，股指期货交易量为3亿张，两者的比例为2∶1。我国股市市值为8.3万亿美元，超过日本，股指期货交易量却不足其1/4。

表5–12　2019年各国衍生品市场比较

国家	商品期货交易量（百万张）	股指期货交易量（百万张）	外汇市场交易额（日均，万亿元）	场外利率衍生品交易量（日均，万亿元）
中国	3 824.505	53.251	0.933	0.110
美国	1 067.142	824.649	9.403	16.170
英国	629.569	76.761	24.543	25.188
日本	—	299.896	2.581	0.927
新加坡	17.877	179.954	4.392	0.796

数据来源：上海交通大学中国金融研究院，WFE。

从金融市场的层次看，我国资本市场的深度和渗透力有待进一步提高，突出表现在一级市场和场外市场的薄弱，如PE市场、场外金融衍生品市场等。以一级市场为例，2019年，中国PE总资产为14.08万亿元，领先日本和新加坡，但落后于美国和英国（见表5–13）。以场外金融衍生品市场为例，利率互换合约作为管理利率风险的重要工具，已成为全球最大的场外衍生品交易种类，总名义规模超过300万亿元。而我国场外利率衍生品交易量远低于美国和英国（见表5–12）。此外，我国外汇市场交易量也低于美国、英国、日本和新加坡（见表5–12）。相对于我国的经济体量，这些市场还有很大的发展空间，其缺位会削弱金融服务实体经济的功能。

表5–13　2019年各国PE市场比较

指标	中国	美国	英国	日本	新加坡
PE机构数（家）	24 471	32 202	—	6 142	240
PE总资产（万亿元）	14.08	92.86	31.02	5.54	1.97

数据来源：上海交通大学中国金融研究院整理。

从金融市场的功能效率看，各市场普遍存在一定形式的壁垒、制约和政府干预，提高了交易成本。加上缺乏足够的高质量机构参与者，难以形成高效的市场机制，在很大程度上阻碍了金融市场在流动性供给、价格发现和风险管理方面功能的发挥。以股票市场为例，市场效率缺失的一个体现是市场波动巨大。中国A股市场的波动率是其他成熟市场近三倍，却并没有带来更高收益。本应作为经济发展“晴雨表”的A股市场，其收益轨迹并未反映出中国经济高速发展的特征，或给投资者带来应有的回报。

从金融市场的国际化程度看，由于资本账户未完全可兑换，我国居民资产配置的全球化程度较低，海外投资者在中国的投资占比也很低，至今还没有境外公司在中国A股市场上市（见表5–14）。

表5–14　2019年各国金融市场国际化程度比较

指标	中国	美国	英国	日本	新加坡
境外公司在证券交易所上市比例（家数占比）	0.000	0.145	0.159	0.001	0.650
国际直接投资资产/GDP	0.140	0.365	0.797	0.331	2.936
国际直接投资负债/GDP	0.203	0.412	0.839	0.056	4.506
国际证券投资资产/GDP	0.037	0.558	1.145	0.821	3.955
国际证券投资负债/GDP	0.081	0.909	1.543	0.640	0.706

数据来源：上海交通大学中国金融研究院整理。

（2）金融中介与服务机构：银行资产规模较大，其他机构发展和开放度不足

从规模来看，上海银行业资产规模超过新加坡，稍落后于纽约、伦敦和东京；证券公司营业收入与东京持平，低于纽约和伦敦；保费收入与其他金融中心相比差距较大（见表5–15）。就金融服务机构（律师事务所、会计师事务所）而言，上海相关从业人员数

量和纽约、伦敦仍有一定差距，有待进一步提高（见表 5-15）。

表 5-15　2019 年各金融中心城市金融中介与服务机构规模比较

单位：万亿元、人

指标	上海	纽约	伦敦	东京	新加坡
银行总资产	16.51	20.77	35.06	25.94	13.89
证券公司营业收入	0.08	1.54	0.22	0.09	—
保费收入	0.17	4.92	1.94	0.53	0.57
律师数量	28 852	182 296	44 297	8 269	4 011
会计服务人员	30 000	54 000	>54 000	17 831	—

注：伦敦的保费收入为国家数据。
数据来源：上海交通大学中国金融研究院整理。

从金融中介与服务机构的功能和效率看，上海的银行类机构表现较好，无论是贷款质量还是人均利润均处于领先地位。证券公司表现次之，人均营业收入低于纽约和伦敦。保险公司较为落后，保险深度不及其他金融中心城市。此外，上海的金融服务机构表现居中，每千人律师数高于东京和新加坡（见表 5-16）。

表 5-16　2019 年各金融中心城市金融中介与服务机构功能比较

指标	上海	纽约	伦敦	东京	新加坡
银行不良贷款率 (%)	0.9	1.1	1.1	1.2	1.3
银行人均利润（万元 / 人）	127.95	155.91	50.61	105.04	—
证券公司人均营业收入（万元 / 人）	216.18	771.98	736.00	139.15	—
保险深度（%）	4.51	7.10	10.60	8.90	7.60
每千人律师数	1.19	9.33	5.09	0.07	<0.07

数据来源：上海交通大学中国金融研究院整理。

从国际化程度看，上海银行业开放程度要高于保险业和证券业。但即便是银行业，其国际化程度仍有一定提升空间。以外资银行资产占比为例，上海的比例为 10.1%，略高于东京的 10%，低于纽约（76%）、伦敦（50%）和新加坡（69%）。

2. 金融发展环境和条件

与其他金融中心城市相比，人民币国际化与资本账户可兑换程度制约了上海金融中心的国际影响力和辐射力。最新数据显示，在衡量资本（金融）账户开放（可兑换）程度的 Chinn-Ito 指数上，中国要落后于发达国家。中国在该指数上的得分为 0.165，而美国、英国、日本和新加坡均为 1。

建立国际金融中心极为关键的一个因素是金融人才，尤其是高端人才的聚集。纽约、伦敦、东京和新加坡金融从业人员的数量占所有从业人员之比要高于上海。且从金融人才的质量指标来看（如持有 CFA 证书的人员占比），上海也低于纽约、伦敦和新加坡，仅略高于东京（见表 5–17）。

总体而言，上海在国际金融中心建设相关的环境和条件方面取得了一定成绩，但金融制度仍有待完善。金融人才方面，低于纽约和伦敦，与东京较为接近。营商环境和城市生态的部分指标领先于其他金融中心，说明上海在金融中心的外部环境建设中取得了显著成绩。同时，新加坡在金融中心的环境和条件方面尤为领先，给上海提供了重要的对照标杆。

表 5–17 2019 年各金融中心城市金融发展环境和条件部分指标比较

	上海	纽约	伦敦	东京	新加坡
			金融制度		
全球机会指数排名	40	17	5	19	—
政府监管负担指数排名	19	14	21	31	1
Chinn-Ito 指数：KAOPEN	0.165	1	1	1	1
政府政策稳定指数排名	45	16	39	21	2
破产监管框架指数排名	38	1	49	9	88
			金融人才（%）		
金融从业人员占总从业人员比例	3.0	5.4	6.5	5.1	5.3
CFA 持证人员占金融从业人员比例	0.5	1.4	1.0	0.1	2
			营商环境		
营商便利性排名	31	6	8	29	2
新开企业所需时间排名	56	31	21	70	2
新开企业所需成本排名	24	1	78	9	9
GFCI 营商环境排名	> 15	1	2	> 15	4
			城市生态		
网络社会城市指数排名	31	7	2	9	3
信息技术使用率排名	18	27	31	6	5
生活成本指数	57	100	88	90	—

数据来源：上海交通大学中国金融研究院整理。

专栏 11 跨境资金池新政助力跨国公司集聚上海

上海是中国境内吸引跨国公司地区总部和研发中心最多的城市。截至 2018 年底，上海累计吸引跨国公司地区总部 670 家、研发中心 441 家。2019 年以来，外汇局上海市分局在国家外汇管理局跨境资金池新政出台后，主动作为，抓准抓实，着力突破制约总部经济发展的难点和瓶颈，与上海市商务委员会通力合作，全力提升跨国公司地区总部配套政策保障力度，大幅提高资金使用自由度和便利度，围绕“四大功能”助力跨国公司地区总部集聚上海，支持总部经济与国际金融中心协同发展。截至 2020 年 5 月底，新政模式下共运行 101 个跨国公司跨境资金池。其中，已有备案 80 个、落实新政后增加 21 个，实现了集团内外、本外币、境内外、经常项目与资本项目等资金的“四个打通”，规模领先全国。

完善政策保障，落实跨境资金管理“四个打通”。资金管理是跨国公司总部的主要功能之一。外汇局上海市分局从提升资金使用自由度和便利度出发，深入市场一线调研跨国公司客观诉求，针对性地提出 10 条政策举措，在跨境资金池新政基础上进一步落实“四个打通”。主动对接上海市商务委员会，沟通丰富政策内容，促成《上海市人民政府关于本市促进跨国公司地区总部发展的若干意见》（沪府规〔2019〕30 号）出台，形成全国首个纳入便利跨国公司跨境资金管理核心要素的地方政府文件。

服务务求实效，营造一流营商环境。外汇局上海市分局提前谋划，推行标准化、模块化管理模式，加强对银行督导，深入企业逐案辅导业务，根据实际情况协助优化方案，帮助存量跨境资金池企业高效完成新旧政策衔接，助其尽快享受新政红利。2019 年 9 月底，上海在全国一线城市中率先完成跨境资金池存量业务过渡期工作。纽交所上市公司德尔福公司及其合作银行德意志银行高度认可上海营商环境，分别致信国家外汇管理局，表示“这种‘以服务企业为先，推动中国金融改革前行’的精神，充分发挥了上海作为世界金融中心的标杆作用”。

总部经济势头良好，与国际金融中心协同发展。2019 年至 2020 年 5 月底，上海新增跨国公司地区总部 70 家、研发中心 28 家。受新政激励，500 强企业日本株式会社伊藤忠已将中国区总部由北京迁至上海。另外，瑞士路易达孚公司、法国道达尔公司、美国亚马逊公司也表示将继续扩大在上海的投资规模，把新业务总部落户上海。同时，现存跨国公司地区总部功能进一步增强。例如，上海住友商事有限公司集团主办企业开展跨境资金池业务，每日归集管理香港成员公司余额资金近 4 000 万美元，有效发挥整个大中华地区的资金结算功能。

以总部经济为重点推进跨境资金池业务，为争取在上海率先实现非金融部门资本项目可兑换提供了可行路径。截至 2020 年 5 月底，新政模式下 101 个跨境资金池覆盖境内成员企业 1 419 家、境外成员企业 281 家，涉及中外资合作银行 24 家，这些资金池主办企业与合作银行均位于上海，成员企业广泛分布于全国和世界各地。上海国际金融中心的集聚与辐射功能得到更好发挥，能级进一步提升。